U0955100

餐饮源全管理系统

谭淑玲 著

幸福餐饮
系列丛书

上海科学技术文献出版社
Shanghai Scientific and Technological Literature Press

图书在版编目（CIP）数据

餐饮源全管理系统 / 谭淑玲著. -- 上海：上海科学技术文献出版社, 2019
（幸福餐饮系列丛书）
ISBN 978-7-5439-7925-3
Ⅰ. ①餐… Ⅱ. ①谭… Ⅲ. ①饮食业 - 企业管理 - 教材 Ⅳ. ①F719.3
中国版本图书馆CIP数据核字(2019)第140829号

责任编辑：夏　璐
执行编辑：斯　超
美术指导：董佳怡
图书装帧：江　立

幸福餐饮系列丛书
餐饮源全管理系统
谭淑玲　著
出版发行：上海科学技术文献出版社
地　　址：上海市静安区长乐路746号
邮政编码：200040
经　　销：全国新华书店
印　　刷：上海展强印刷有限公司印刷
开　　本：899×1194　1/16
印　　张：16
字　　数：138 000
版　　次：2019年7月第1版　　2019年7月第1次印刷
书　　号：ISBN 978-7-5439-7925-3
定　　价：68.00元
http://www.sstlp.com

书中所述案例企业数据若有出入，欢迎电话联系沟通修正，书中数据为当时统计数据。若涉及不当部分，编委会先行致歉，并请协商解决。

幸福餐饮人 订阅号

祝源全系统落地成功

源全学院敬上

目 录

自序

我在 50 岁时曾给自己写过一个墓志铭：这里躺着的女人一生从事教育事业，网上有关她的采访很火。

我是一名幼儿园教师，从事幼儿教育将近 40 年。1985 年，我当上幼儿园园长。1998 年，亚洲金融风暴来临时，我很痛苦，因为我感觉除了幼儿教育，我整个人生一无所长。当时，伴随金融危机而来的市场和就业变化，让很多家庭经济发生困难，孩子缴不起学费。当时，我管理着 8 家学校，第一次面对这样的难题，我一筹莫展。

然后，有人跟我说："谭校长，不要将自己局限于幼儿园，你要走出去，寻找更多的学习机会。"于是，我到香港大学的学前教育深造班学习。有一天，老师告诉我："我们请到一位英国的专家，他会来香港，用英文讲解 5S 体系。"这位专家最初是在马来西亚看到这套理论，然后决定将它带到香港，没想到得到香港政府的大力支持。当时刚好赶上亚洲金融风暴，香港的经济状况很不好，所以香港政府决定由政府出资，资助一半的学费（700 港元），让大家学习改造后的 5S，即五常法。我立即报名，可是，主办方却说这套体系只针对工商业，不针对教育行业。我据理力争——在我看来，所有的管理都必须从幼儿开始。后来，我为自己争取到一个名额。当时，整个课程只有 50 条重点，都是围绕干净、卫生、效率展开。听完之后我很感动，因为之前我不善整理，每天连自己的东西放在哪里了都不知道。听完课程后，我先收拾好自己的办公室，所有的员工都为此感到开心。3 个月之后，所有的地方都变得一尘不染，我也因此名声大噪。一时之间，全香港各行各业的人都蜂拥而至，来向我咨询。那时的我有点沾沾自喜，觉得自己是 5S 之母，生活开始悄悄起了变化。

然而，事实并非如此。

有时候会有家长跟我讲："哎呀，谭校长，我怎么觉得整个幼儿园变得宽敞明亮了？"我认为这就是 5S 的魔力。

有一天我看到一个访问，对我影响很深，这就是我们现在的品牌故事。这个访问是一个记者采访一名日本父亲。

记者问："什么是你们的 5S？"

父亲说："我们的家庭教育即是我们的 5S。"

"那请问您，家庭教育从几岁开始呢？"

父亲说："在日本，只要我的孩子开始学步，不要我抱着，家庭教育就开始了。"

"几岁？一岁吗？"

"对，一岁多，这个时候的孩子已经有了这种能力。"

"怎么开始呢？"

父亲说："如果有一天，我的孩子慢吞吞地跑到玩具架前，把心爱的东西拿出来玩。从那时开始，他能拿的东西我就不帮他拿，他玩好后就应该有能力把所有的玩具再放回去，这就叫做 5S。"

看完这个访问，我深受感动，并下决心不仅要在成人的世界里推 5S，还应该从娃娃抓起，让孩子有这种责任感，学会自理、自爱、自尊。孩子如果懂得把自己的东西收拾好，他一定会关心他身边的物品。所以，在我的幼儿园，孩子从两岁开始学习 5S。当然，这并不意味着我们强迫他们这样做，而是让他们自己先观察，后分类，再集中。开学第一天，爸爸妈妈会为孩子选好毛巾，然后由他们自己决定毛巾、工具的挂放位置，然后请他们自觉遵守，因为学校属于每一个人。

2003 年，我首次在上海讲课。当时，全世界的中餐第一家做源全 5S 的企业是稻香集团，第二家是唐宫集团，第三家是美心集团。我刚接触这几家企业时，它们的规模都不大。稻香集团当时只有 13 家店，2003 年，我去培训的时候增扩到 17 家，现在则超过 100 家店，2007 年上市；2003 年，我帮助深圳的唐宫集团第一次考牌，当时的唐宫集团只有 7 家店，现在应该有 50 多家了，2010 年上市；第三家是美心集团，第四家是泰兴集团，我刚接触时规模都很小。我服务的第五家企业是在上海做得比较早的小南国。

2015 年下半年，我与汉源集团共同一起成立了源全学会。之所以成立学会，原因很简单：我老了，需要有更多的“儿女”传承我的使命，去帮助更多的餐饮企业做好源全 5S，从而保证门店现场管理的资源增值和安全健康。

推荐一：

木屋烧烤初次接触源全管理系统课程是4年前，第一次派高管上的时候，只是感觉挺有道理的，又好像离我们很远，因为当时重心是致力于公司的系统化和发展，就搁置了下来。3年前我和林总在北京听到谭老师的公开课的时候，一语惊醒梦中人，这不正是我们一直在探寻如何统筹解抉我们排班、计件、值班等管理工作的一把好钥匙吗？所以课程尚未结束，就召集电话会议，安排了全公司的源全管理系统的年度学习计划，同时和汉源签订了源全管理系统的专案班。

通过2年的源全管理系统的落地，给木屋烧烤带来了全新的变化，无论是门店的环境、安全、效率还是给门店带来的资源增值。从2017年开始我们所有的新店在开业之前都必须通过源全管理系统的考牌，老店全部导入源全管理系统，源全管理系统已经成为木屋烧烤运营系统中必不可少的一个环节，每年公司在源全管理系统学习上的投入超过百万。

源全管理系统，是一个动态的组织运营的管理方式。涵盖了从需求定设计、人力配置、物品准备、环境利用。 源全管理系统是一个以物品管理为切入点贯穿于整个管理过程中的人、物、环境的动态管理。

源全管理系统看上去是一个纯技术的课程，但感觉它好像又不是技术那么简单，因为它按照事情发展的本质，顺势而为从而得到了不一样的效果。

源全管理系统解决的是管理的内在本质，表面上是物品定位、归类、标准等，背后是根据运营系统的本质，科学客观地梳理，并让各个环节最大化地产生价值的过程。不仅提高了资源价值，还解决了安全健康的基础问题。

我不想在技术上对源全管理系统作评价，因为源全管理系统班的火爆就证明了它的优秀。源全管理系统不仅给我们带来了实际的价值外，还给我们带来了其他的一些收获，在这里跟大家分享：

一、企业家精神

成功的企业家骨子里都有“使命必达”的理念和精神。而谭老师对大家的要求“如不成功、人间蒸发”不正是企业家骨子里最坚定的那种精神吗？企业家精神被证明了是成功的最重要的基因，那么做好一件事不也需要这种精神吗？如此的共鸣才让有理想有追求的企业家们对课程极其认可。

一个好的企业一定有一个非常优秀的企业家和一群能够理解认可企业家思想的团队。成功的企业家证明了成功的要素是什么，那么“使命必达”就一定是做成一件事的最基础最重要的因素。企业家精神不是指老板要有，企业的团队和追随者也要有才能获得长久的发展，“使命必达”的企业家精神让我们离成功更近了一些。

木屋就是14年来坚定地把做“第一好吃的烧烤”作为使命，我每天在朋友圈里坚持不懈地提醒自己、提醒大家、向全社会宣布“做中国餐饮领军品牌”，也正是这种精神的完美诠释。

二、没有解释，只有解决

大多数管理干部，更多的是在做二传手，总是在发布指令，然后指望下属能完整地理解和执行，甚至期望能超出预期地完成任务，结果往往事与愿违。领导问责时又把责任推向下属，更多地在解释、埋怨和指责。殊不知，下属之所以是你的下属，就是不及你。你的期望能被实现只是理论上的存在，大部分情况下，大家还是期望奇迹会发生，骗了别人也骗了自己。在骗中骗会让大家一步一步走向虚弱和衰亡。

解决问题才是真正要做的事，而且是亲自、深入、落地地解决，解决完还不行，还需要把流程标准固化，变成可以复制培训的教案，还要继续优化和完善，解决问题才是我们的价值所在。不要埋怨、不要推脱、不要指手画脚、不要做梦，下地干活是最好的让你心境平和踏实睡着的最好方法。

三、只有功能，没有岗位

官僚体系，是组织初级阶段时必备的形式，组织强大了官僚体系自然就不适应了。过去我们是根据工作先设计好岗位，但随着发展不断地有了新的工作，就通过增加岗位来消化。岗位就越来越多，新的岗位又不断地被固化，机构越来越臃肿，更加人浮于事。组织的工作是不断地变化的，但我们把岗位作为解决问题的第一方法自然就不会有好的结果。如果我们根据功能来设计和优化我们的工作，自然是解决问题的最直接的方法。

所以只有功能、没有岗位直接把影响组织发展的官僚体系击碎，还了一个事物本质给我们。不官僚、不教条、找本质会让我们能高效地找到成功。

以上是我对源全管理系统的一些感受和体会，是从另外一个角度来看源全管理系统的价值所在，希望能够给大家一些小小的启发，无论是观点还是思考问题的方法，与大家共勉。

最后再次感谢汉源、感谢谭老师，给我们带来了这么好的课程，感谢在我们的发展过程中给予的各项支持和帮助，感谢一直以来不离不弃地辅导和跟进。我们只能用自己的优秀来回报汉源和谭老师的辛勤付出，谢谢！

木屋烧烤创始人 隋政军

2018 年 9 月 18 日

推荐二：

做餐饮很容易，有一笔不算太多的启动资金，租一个大小合适的场地，招点中意的厨师和员工就可以开张了，但把餐馆长久开下去却很不容易。

餐馆开张时热火朝天不久就关门歇业的原因有多种，我以为其中管理跟不上是重要原因，甚至是根本原因。在开张起初时候，管理问题被掩盖着，掣肘还不算太明显，但运转一段时间后，管理上的短板就凸显出来，往往捉襟见肘，按下葫芦浮起瓢，顾此失彼，手忙脚乱，最后就慌不择路，直至折戟沉沙，所以，“桶能装多少水，取决于最短的那块木板”，在风起于青萍之末之时，如果不及时在管理上找到最佳模式，管理短板就可能让一个企业遭遇狂风骤雨，满盘皆输。

我一直在说，我们真知味在最紧要的关头，有幸找到了最佳管理模式，那就是香港源全管理系统管理法，正是这个源全管理系统管理法，让我们走出了困惑，渡过了难关，获得了发展。

什么叫“源全管理系统管理法”，谭会长在本书中有精确阐述，我就不赘言了。我想告诉大家的是，作为一个源全管理系统管理法的实践者，我对源全管理系统的切身感受可以用“5个如”来表达，那就是“如履薄冰、如获至宝、如饥似渴、如沐春风、如鱼得水”。

在引入源全管理系统之前，我们企业跟其它餐饮企业一样，面临的就是管理短板问题，尤其是细节管理，所以，我们在经营过程中真可谓如履薄冰，生怕哪里没有考虑周全或者哪里监管缺位而出现问题，尤其是开源节流和食品安全方面，每天牵动着我们的心，我们深知“一着不慎满盘皆输”的道理，但又不知究竟从哪下手才能做到规范有序，长治久安。

有幸的是，2005年我们首次接触到了香港“五常法”。所谓“五常法”，就是“常组织、常整顿、常清洁、常规范、常自律”管理，我认真了解过后，立即请教谭会长，专门到她那里参加培训班，之后很快将这个“五常法”引入公司管理。那个时候，我的心情无法形容，真的像“如获至宝”：终于找到了一个非常科学、非常有针对性又非常实用的管理方法！借助“五常法”，我们很快建立了安全和健康的工作环境，营造了持续改善的工作氛围，设立了一套完善的监控机制。“五常法”的落实，让现有资源得到了增值，也孕育了良好的企业文化，企业的全流程实现了精益化生产，减少了浪费，在提高现场环境资源利用效率的同时，有效地改善了安全卫生和菜肴品质。尝到了“五常法”的甜头后，我就一直追随。2007年，这个“五常法”提升为源全管理系统管理法，得知消息后，我立即丢下其它事情，赶过去“自我闭关”似的如饥似渴地学起来，不仅如此，我还组织员工分批前去脱产学习。经过一段时间的集中学习和有针对性的制定施行方案，把源全管理系统管理法深入到了员工的骨髓，使之成为公司上下管理的重要工作，规范管理和安全卫生水平又上了一个台阶。整个公司在源全管理系统管理法指引下，管理规范、运转流畅、节能高效，那个时候，我形容公司好似沐浴在春风中。

借助源全管理系统管理法，公司的发展也变得顺风顺水，2007年公司全面贯彻“国际质量管理标准ISO9001”，第二年就通过了认证。2009年，公司获香港源全管理学会考核认证为“首家源全管理系统管理中国样板店”，2011年被考核认证为“首家源全管理系统管理清凉厨房亚洲样板店”。

可以说，借助这两个管理平台，公司的管理基本达到了规范化、程序化、常态化、科学化标准，在管理公司上，我感觉就是“如鱼得水”般的游刃有余，因为有了切实可行的管理制度，我个人觉得心里踏实许多。

施行源全管理系统管理法给公司带来的变化也十分明显，我可以提供一个数字：这几年到我们真知味参观的餐饮企业、幼儿员、学校、行业组织等等多达 1000 多家，其中还包括国内著名的餐饮同行，大大提升了真知味的知名度和美誉度。因为厨房清凉透明，食客能直观了解店家的操作全过程，所以可以吃的放心，吃的满意。

真知味是南京市餐饮商会的会长单位，我本人也担任市餐饮商会的会长一职。为了帮助商会会员企业提升管理水平，商会对会员单位都做了基本的源全管理系统辅导，天地汇餐饮联盟组织联盟企业数百精英高管参加了为期三天的谭会长源全管理系统南京公开课。目前，南京有 10 家著名餐饮企业已经导入源全管理系统。对此，上级领导部门也给予了高度评价，认为这是为南京本土餐饮企业提档升级提供了很好的管理样本和对标参照。哲人说的好：好的东西应该给更多的人分享。源全管理系统管理法是谭会长精心研究、探索实践的理论结晶，也被包括本企业在内的无数企业、单位导入施行并被证明是十分科学有效的管理办法，应该被更广的传播，被更多的实践，使之产生更大的社会效益，让更多企业通过源全管理系统达到精细化、简洁化管理，减少人力物力上的浪费，获取更大的利益。这本书的问世，将成为有志创业者规避管理短板的“警示灯”，健全优质管理体系的“指南针”，企业稳健发展的“推进器”。

落叶在空中盘旋，谱写着一曲优美的乐章，那是大树对滋养它的大地的感恩；白云在蔚蓝的天空中舞蹈，成就一幅幅感人的画面，那是白云对哺育它的蓝天的感恩。南京餐饮行业和真知味餐饮娱乐有限公司取得的良好成绩，是我们对源全管理系统领路人谭淑玲会长的感恩！

您的出生便决定了您的不平凡。您事必躬亲，用使命必达的信念带领着可爱的人始终致力于为这个世界营造美好的生活环境，用整理、存放、清洁、标准、修养为社会服务，秉承简单做人。专心做事的理念，让众人在百舸争流中奋力前进；用使命经营事业，用源全管理系统成就企业，用文化振兴行业，用行动为国家圆梦。这本书的出版，将指引更多餐饮企业健康快速发展，于餐饮企业、于全社会功莫大焉！最后，我用两句话来表达我对谭会长的敬意：

淑质英才，谱写源全管理系统赞歌。

玲琅骄女，传播餐饮大爱。

南京餐饮商会会长

南京真知味餐饮娱乐有限公司董事长　沈加华

推荐三：

什么是真正的连锁企业？或者说连锁企业在经营管理上有哪些表现？这是一个需要长时间去探索的问题。自从开创了莆田餐饮企业，多年的经营，我会认为一个成功的连锁企业一定要有 4 个“连”的表现，即连品牌、连经营、连品质和连服务，连锁企业的背后需要有完善的体系做支撑，从而为顾客每天提供干净舒适的用餐环境和安全健康的食物。

2009 年是莆田的发展元年，第一家门店 2000 年在新加坡吉真那路开业。每当我看到脏乱差的门店现场，看到这些最基本的我们都做不好，我会陷入反思：这样怎么能让企业走得远？这样怎么能实现心中所规划的未来商业帝国？

就在这个时候，我有幸认识了谭淑玲老师。她是由新加坡政府相关部门邀请过去，专门为餐饮行业提供现场管理的资讯与方法。那个时候，我带着团队认真聆听谭老师的课程，在谭老师的指导下，彻底改变了整个餐厅的面貌，在食安、环境、思维和精神 4 个层面上都有了非常大的提升。一直和谭老师保持这样的一个关系：每年谭老师去到新加坡的时候，我都会派人去聆听，持续不断地维持着餐厅门店现场管理水平。

2015 年的时候，我感受到了前所未有的经营压力，整个餐饮行业的竞争越来越强，利润率越来越低。此时我想到环境一定不是简单的把东西摆在划定的区域，也一定不是要做到如何的干净整洁，应该是能够为企业带来更大的价值与贡献。就在这个时候，我又和谭老师做了深度交流，我了解到原来环境是可以资源增值的，餐厅的每一寸环境都有使命！

2016 年——2017 年，我集中了新加坡、马来西亚、台湾、香港、北京、深圳、上海等地的所有管理者，前后用了半年左右时间又全面系统地学习了“源全系统”。这是一个高于“5S”理论的环境管理系统，这个体系让我们思考如何持续不断地做资源增值，同时也教会我们提升并保持安全健康的高标准，更让我们的管理者懂得了一切用数据来说话。这一切的一切，让我们门店的品牌元素更加丰富，让我们的备货更加精准，让我们的营业额有了增长，让我们的成本费用有了控制，降低了我在企业经营中所遇到的压力。

前段时间，有幸拜读了谭老师撰写的《餐饮源全管理系统》新书，又再一次的让我系统的了解整个源全系统，我看到了 5 个 S 背后的逻辑，我真正地认识到了“以销定产”的作用，我明白了收纳背后的原理，我也看到了很多优秀企业同行的精彩之处，这将为我下一步的管理提供强有力的支持！

感谢谭老师给予莆田的支持，感谢谭老师给予餐饮行业的帮助！

莆田创始人

方志忠

推荐四：

万众期待，翘首多年，终于迎来谭会长的精心之作，能够获邀撰文，深感荣焉！

本书凝聚了谭会长多年丰富而宝贵的经验，将源全管理系统理论与实践相结合，深入浅出，生动有趣，不但能成为初探源全管理系统入门者的实用工具书，同时也是记录各界同仁致力推动源全管理系统成果的光荣册，更重要的是启发我们秉承源全管理系统精神，承先启后，精益求精，创建更好的未来！

唐宫集团自 2003 年引入五常法管理，便与谭会长结下不解之缘。经过数年践行，又于 2009 年进一步引入源全环境资源及安全管理体系。15 年坚持“持续改善，不断进步”源全管理系统之路，一直得到谭会长的悉心指导及成长关爱！

她教学风趣幽默，寓教于乐，课堂与实地教学都深受员工喜爱。

她保持著“十年如一日”专业探索与创新的激情，感染着一起学习的团队，使管理体系建设因时而变，与时俱进，结合务实的理念让源全管理系统服务于经营运作，让伙伴们的工作因此而受益，让公司得以健康发展！

她不计付出，利益他人的精神，也是 5S 精神的诠释。为业界搭建交流分享平台，建立开放正面积极的学习环境，实现互勉共进。

源全管理系统和企业可持续发展有莫大关系，现时唐宫集团旗下餐厅营运及厨房管理标准均源于 ERS 体系内原则要求，并由专责部门进行源全管理系统内审，确保规范。我们亦以清凉橱房 3C+ 源全管理系统理念为核心管理文化，节能减碳，提升效能；爱护环境，珍惜资源并持续改善与优化。感恩创造，取之有道。

再次感谢谭会长不遗余力为餐饮行业的进步作出的贡献！

唐宫集团行政总裁 翁培禾

2018 年 9 月

第一章

认识源全管理系统

什么是源全管理系统？5S的概念源自日本的家庭教育，迄今大概200多年的历史，是环境管理的有效工具，后来经丰田工厂运用得以发扬光大。

1 什么是源全管理系统

什么是源全管理系统？5S 的概念源自日本的家庭教育，有大概 200 多年的历史，是环境管理的有效工具，后来经丰田工厂店运用得以发扬光大。在日本，有很多渔民，他们长期生活在船上，面对不断增加的物品和狭小的空间，日本的家庭主妇于是研究了一套环境管理的方法。5S 只是一个工具，刚好有 5 个层次：整理、存放、清洁、标准、修养。在实施时不能乱来，顺序也不能倒过来。为什么叫 5S？因为这刚好是 5 个日文的首字母，日本人将这种工具统称为 5S（如表 1-1）。后来人们又用英文延伸出了 6T、6S、7S，S 出现的频率越来越高。6T 的重点是日常的安全和效率，7S 的重点在于标准化，8S 的重点在于安全化。源全管理系统不是简单的卫生清洁和环境整理，而是重点研究有关企业的资源增值和安全健康，取了“资源增值的源”和“安全健康的全”，组合成为源全管理系统。

	日文	英文	要点	方法
整理	Seiri	Sort	观察、分类及压缩不要的资源达到减负的目的	减法
存放	Seiton	Systemize	根据营运目标控制存放的规律	加法
清洁	Seiso	Shine	确保环境的清洁与维保保养	维持
标准	Seiketsu	Standarize	资源增值与安全健康的标准化	乘法
修养	Shitsuke	Self-Discipline	总结前 4S 的智慧，维持内修与外修的文化	除法

表 1-1

1S 整理（Seiri/Sort）

是指观察、分类及压缩不要的资源，也就是减负，减少负担、减少负债、减少负面情绪。减去不要的资源，形象的理解整理是一个做减法的过程。

2S 存放（ Seiton/ Systemize ）

是指根据老板、企业、业绩的要求，根据物品使用的频率把必需的资源存放在合理的位置。在餐厅里通常需要存放合理的人手，存放合理的流程，存放合理的环境，存放合理的生产设备等。做存放不是简单地把物品放在某个地方，而是要考虑存放的合理性、高效性和安全性，形象地理解存放是一个做加法的过程；

3S 清洁（ Seiso / Shine ）

一指维持餐厅现场环境的干净清洁，即通常所说的清洁；二指维持餐厅所有设备的运转正常，即维修保养；前两个 S 运动后得到的成果，如果少了 3S 的维持，也就失去意义。保持现场水平平衡不变的状态，形象地理解这是一个维持的过程。

4S 标准（ Seiketsu/ Standardize ）

是指建立一系列资源增值和安全健康的标准化程序，做到管理的科学化、标准化和数字化。4S 的成果是沉淀出企业门店现场管理的标准手册，手册的用途在于进行企业标准的传承，让新店、新员工也能做到优质的环境管理。这样的过程是把 5S 成果从一人到多人、一店到多店、一天到每天的复制过程，形象地理解这是一个做乘法的过程。

5S 修养（Shitsuke/Self-discipline）

通过前 4 个 S 在门店的持续落地，让员工养成好的意识与工作习惯，形成一套让企业全体持续做好 5S 的氛围和文化。修养分为内修和外修，都是把 5S 众多工作落实到内部和外部各项活动中，内修中更要明确细化出每天、每周、每月、每季度、每年的任务清单。细化是一个化整为零的过程，形象了解这是一个做除法的过程。

2 源全管理系统的核心价值

源全管理系统体系不是简单地做清洁卫生，也不是简单地贴标签，最重要的价值，是帮助餐饮业做好门店现场环境管理的资源增值和安全健康。整个体系的核心价值有 16 个字：资源增值、安全健康、简洁环保、持续改善。

源全管理系统之所以将资源增值列为重中之重，原因在于当下餐饮业普遍面临一个比较大的危机——赢利能力的持续下降。我们无法改变诸如人力成本、房租成本等各种成本不断攀升的客观事实，但我们能够通过优化自身的管理，做好门店面积、人员、工具、设备等资源的价值最大化来保证餐厅的合理利润，从而能够主动出击。为此，2016 年 “减负” 被作为源全管理系统团队的研究重点，通过与众多餐饮同行的共创，探索更多帮助餐厅减轻负担、减少负债、减去多余的东西的可行性方案，帮助更多的餐饮企业做好资源增值。

餐饮行业的食品卫生状况，将会直接影响到消费者的身体健康。为消费者提供安全、卫生的食品是每一名餐饮人的使命和责任。同时保证餐厅每一名员工的身体健康也是餐饮企业的责任。然而餐饮门店现场有着人多、湿滑、油腻、温度高的客观现象，于是安全隐患层出不穷，稍不注意就会出现生物性的食品安全事故、物理性的人员受伤事件、化学性的食品交叉污染事故、突发性的消防火灾事故等。故源全管理系统第二个核心价值为安全健康，在于通过动线规划、安全工具配备、温度管控、防滑处理等细节管理保障餐厅的安全健康。

简洁环保——简洁就是美，单一最好，一个简洁的环境能够提高员工的工作效率。1S 整理的过程，帮助门店每个岗位梳理出必须的一套工具，再通过 2S 存放中采用横柜直取、直柜横取、打横单一等多种方法营造一个简洁的环境。餐饮是社会的一个重要构成，是整个生态系统的重要单元，今天的环境因为污染而遭到破坏，今天的资源因为浪费而逐渐枯竭，源全 5S 体系通过拒绝使用、物尽其用和废物利用的管理思维的阐述，推荐餐饮门店使用高效能的节能设备，帮助餐饮门店建立废弃物品管控机制，共同为环保做出努力。

持续改善，5S 管理的一个重要挑战是如何能够持续保持和提升，否则不仅耗费了企业资源还一事无成。在源全管理系统体系中，我们所谈论的源全 5S 落地计划、企业门店源全管理系统内审、门店间的交流学习、主动接受政府与客人的监督，这些将会让企业时时保持高标准的意识，并积极学习创新，不断地优化提升环境管理水平。

3 源全管理系统的实际效益

源全管理系统的效益，是指学习源全管理系统会给企业带来哪些好处。事实上通过研究和大量的客户证实，源全管理系统一共有 6 个好处，分别为安全、改善、监控、开源、简洁和效率。

这 6 个好处的英文单词的首字母，连起来是 simple，这意味着企业学习源全管理系统之后能够切实看到企业整个环境变得更加简单和简洁，从而做到资源增值和安全健康。

3.1 源全管理系统实际效益——安全

安全，是指通过源全管理系统建立一个安全、健康的工作环境。在餐饮门店现场，存在着大量的物理性不安全、化学性不安全和生物性不安全因素。

物理性不安全是指刀具的随意摆放、地面湿滑等，在这样的环境中员工极易出现跌伤、割伤、撞伤、烫伤等状况。源全管理系统会做好管控和预防，比如无水厨房就能够减少员工跌伤的物理性不安全因素；热水机的出水口安装软管以防止热水溅出烫伤员工；要有防烫手套以防止员工烫伤；要有钢丝手套以防止员工砍骨头时不小心砍伤自己的手。

化学性不安全是指由于餐厅相关的化学品管理不当带来的安全隐患，如酒精、烧碱等管理不当造成的安全事故。源全管理系统中要求餐厅的传菜口不能摆放酒精，以防止化学性起火；要求蔬菜要消毒，以防止留有残余农药。餐厅还有一些化学性不安全的因素，比如，很多员工在下班时不检查电饭煲，这是非常不安全的；还有一个安全隐患是卡斯炉，完成加热后，卡斯炉里头的气罐没有拿出来。这会有什么危险呢？它已被卡住，下一个厨师点火就很容易引起爆炸。餐厅每次下班的时候务必安排人员把气罐拿出来。这是一项很简单的工作，但必须要求员工每天执行，否则很容易出现意外。

生物性不安全是指虫害以及交叉污染导致的食品安全问题等。源全管理系统要求生熟分开、干净区域和肮脏区域分开、留样冰箱、专间的二进间消毒等都是为了避免出现生物性的不安全事故。譬如，真正的食品中毒是食用后的36小时内，即一天半之内就发生了。通常食药监局规定餐饮单位的留样要留48小时。源全管理系统则要求餐饮企业留样72小时，第三天才能把第一天的留样食品倒掉，这是出于食品安全考虑。又比如，30℃～40℃的环境温度下，蒸熟的米饭在两个小时后就会产生一种李斯特杆菌，使白米饭变坏。这些细节都是增强食品安全的关键。

范例餐饮业常见的不安全隐患：

A. 地面潮湿，有水渍和油渍。

B. 专间人员进出随意性大。

C. 餐厅的厨房、仓库设计存在隔离不严的问题，有老鼠出入。

D. 营运过程中没有定期进行虫害的预防。

E. 垃圾区、馊水区没有及时进行清洁和消毒。

F. 卡斯炉、煤气炉摆放位置过高，容易掉到地面。

G. 食品随意放在地上，没有做到离地处理。

H. 食物出品的温度不达标，解冻不符合标准，易滋生细菌。

…………

反思：您的企业门店现场有哪些不安全隐患？该如何预防这些隐患？

3.2 源全管理系统实际效益——改善

改善，是指改善门店的硬件条件，如通风、温度、吵闹、地面湿滑、异味等，从而营造良好的工作环境。

很多厨房在夏天时的室内温度超过 40℃，最高达到 45℃。在这样的厨房中，厨师挥汗如雨地切菜，或者一边流汗一边做菜，试问有人愿意在这样的环境中工作吗？即便是有，这样的厨师也会因为太热而产生焦虑与焦躁感，从而导致菜品做不好，同事之间也会因为沟通不畅，容易产生冲突；另一方面，太多的汗水也极易带来食品安全危机。由此可见，为了能留住优秀的工作伙伴，保证食品安全和人员安全，应当对厨房进行改善。

对此，有很多解决方法：比如，所有面积小于 20 平方米的专间都没有必要配备冷气，只需用抽风机把空调的冷风排到厨房里面即可；或者在厨房的蒸炉上面加一个热循环交换器，把厨房和蒸炉上面的热气收集起来，马上转化成热水，用来煲汤，既能起到节能的作用，又能降低厨房的温度；或者做好排风、新风的优化设计，在厨师的头顶上方安装新风出风口，也能有效地降低厨房的温度。

又如餐厅里面存在着大量资源浪费的现象，每个月会用很多的水。针对这一现象，门店可以设计安装水循环装置，每天把粗加工清洗蔬菜后的水用水泵抽到水箱中，或者把制冰机的循环水收集到水箱中，下班时打开水龙头，用来冲洗地面，从而做到水循环的改善，节约资源。

范例餐饮业常见需要改善的地方：

A. 垃圾区没有独立开来，没有做到垃圾分类存放。

B. 内外场的清洁用具没有分开，员工容易误用错误区域的清洁用具，从而造成交叉污染。

C. 洗涤区的物品没有定位摆放以及进行层架设计，导致地面淋到水。

D. 厨房的规划不合理，干净区域与肮脏区域未能分开。

E. 存在水、电、气等资源的浪费。

F. 餐厅太吵闹，使人烦躁；餐厅灯光太亮或太暗。

G. 厨房地面设计有问题，存在大量的水和油。

H. 办公室、仓库等区域物品随意摆放。

…………

反思：您的企业门店现场有哪些需要改善的地方？该如何改善？

3.3 源全管理系统实际效益——监控

监控，是指设立一套完善的监控机制，通过现场管理、目视管理和环境自查做到问题的预防，从而给予及时的预警和调控。在餐饮门店现场，收银台需要监控，厨房间需要监控，粗加工环节需要监控，即全部过程都需要监控，既有对工作人员的监控，也有对机器操作的监控，还有对设备物料的监控。监控不仅针对钱和原材料，还针对其他一些非常重要环节，如对企业人文文化、员工工作习惯、食品安全隐患的监控，消防设备、财务指标等的监控。

在源全管理系统中有一项监控，要求企业定时和不定时地检查垃圾桶，这是对垃圾桶的监控。我有一个习惯，在我任顾问的企业，我每次巡查到一家分店的时候，必须让厨师长把垃圾桶拉到餐厅后面，打开垃圾桶进行检查。垃圾桶会告诉我们很多管理上存在的问题，比如浪费、随意丢弃物品等问题。虽然这些问题带来的损失都是小钱，但是反映的却是员工的态度问题。我们要让厨师具备环保、节约的心态，不浪费任何资源。

监控，是要做到管理信息的透明化，降低基本的错误发生概率。餐厅里的食材、调料都有着保质期，如果生产中使用了过期的食材或调料，将有可能造成企业重大的食品安全事故。源全管理系统体系就是要企业首先制定出食材的保质期，再通过标签展示每一个食材的使用日期和到期日期，做到安全生产。

这次我要特别强调源全管理系统的是财务颜色管理预警系统。每一家门店都有月度的营业、人均产值、环境产值等目标。每个月，财务会根据实际的指标完成情况和设定的目标进行相关指标的颜色标记：绿色为达标；黄色为不达标，距离目标在 5% 以内；橙色为距离目标 5% ~ 10%，红色则为距离目标超过 10%。店长拿到报告时，最愿意看到的是绿色的标记，这意味着有奖金可以拿。如果门店生意不好，经常不达标，财务部会先发一个黄牌，再往下，累积得越来越多，超过地域标准会给一个橙牌，最后给红牌。这个时候就要及时地预警和调控了。

范例：餐饮业需要监控的地方（如表 1–2）。

项目	内容
战力监控	A. 人力需求：人力资源与分配，依现场需求合理分配。 B. 战力提升：人力重质不重量，加强训练，提升工作效率。 C. 企业文化：有效加强战力，导入企业文化，从观念及态度着手。 D. 设置战力表：由图表及数据分析，切实了解及掌控团队战力。
物料监控	A. 物料来源：清楚了解原材料来源，确保食品卫生安全。 B. 认识物料：清楚物料品名、规格，了解如何分辨不良品。 C. 保存及堆陈：熟悉物料的保存方式，并落实堆陈。 D. 设置图表及分析：通过图表了解并分析物料使用周期，确保新鲜且不浪费。
环境监控	A. 现场配置：建立平面图及监控设备，确保人员财务安全。 B. 消防安全：配备消防设施，设置图表，切实检查及更换。 C. 清洁及消毒：落实环境清洁及消毒，避免潮湿及虫害。
财务监控	A. 现金安全：设置保险柜，制定责任区分，定时定人交接。 B. 支出明细：专人专职、分层负责，避免舞弊及不必要的浪费。 C. 数据分析：掌控平效、人效等数据，了解盈亏情况。

表 1–2

反思：您的企业有哪些需要监控的地方？如何监控？

3.4 源全管理系统实际效益——开源

开源，是指利用环境的每个流程、每个设备来使资源增值，通过提高产品质量、增加产品产量、减少生产和工作中的各项浪费从而做到资源价值的最大化。同时，也可以通过对餐厅相关设备的产值产能进行评估，找到每日产值和产量之间的差异，去开拓其他的开源途径。面对日趋激烈的竞争，如何能够提升营业额？面对不断攀升的各项成本，部分餐饮企业经营过程中赢利能力不断下滑，如何能够有效地做好利润的管理？

我服务过的湖南的一家企业，曾安排优秀厨师走进百年老校教中学生如何做菜，从而使企业的品牌得到了宣传和推广。了解餐厅的人越多，人们就越有机会走进餐厅用餐；另外一家我服务的企业，则举办吃生蚝大赛，带领获奖者去韩国旅游。这一切的一切都是在做营业额的开源。

在我管理的幼儿园里，为了从小培养孩子们对于万物的敬畏之心，让每个小朋友入学时带一盆绿植，把绿植当成自己的孩子，每天浇水，呵护绿植的成长。海底捞餐厅的工作人员去我管理的幼儿园参观后，受到了启发，也采用这个办法，餐厅的营业额果然攀升。他们的做法是：买 30 棵盆栽放在店门口，看到有小朋友过来就说："小朋友，我送你一盆绿植好不好？"小朋友很好奇，就说好。海底捞的工作人员又说："但是你要答应我一个条件，就是要把它当成你的孩子一样对待。"小朋友又说好。"既然是你的孩子，那你每个星期回来看它一下，为它浇浇水，看看它长得好不好。"小朋友还是说好。于是海底捞把小朋友的照片姓名贴在摆放绿植的架子上，小朋友的父母每个星期都会带着孩子过来，过来了也就顺便吃个火锅。

餐厅里每个档口都有自己的招牌菜，每个档口也都有自己的产值目标。一些做得好的餐厅都会在厨房的公共区域张贴一张目标表，填写每个档口的每日销售目标，于是整个目标达成的进度就变得可视化，从而达到开源的目的。

范例餐饮业可以开源的地方：

A. 餐厅午餐销售的推广

B. 海鲜与酒水的搭配销售

C. 餐厅与社区的关系打造

D. 外卖的营销

…………

反思：您的企业有哪些可以开源的地方？如何开源？

3.5 源全管理系统实际效益——简洁

简洁就是美，简洁就是要保持环境整洁明亮，减少空间浪费，做到工作程序、原料、设备和工具存储皆有规范，越单一越好！这个也是做5S的基本功，通过5S的整理、存放和清洁，确保现场简洁明了，没有多余的东西，精益生产，减少浪费。

在餐厅的门店现场，我曾经问过很多厨师、店长和服务员这样一个问题："你工作时最常使用的一套工具有哪些？"能够快速给出准确答案的人却很少。我感到非常诧异。如果连自己工作时使用什么工具都弄不清楚，怎能把工作做好？就好比厨师在锅烧热后却发现炒勺不见了，服务员给客人端上红酒后却找不到开瓶器。这样的情况一定会影响效率以及顾客的满意度。创设简洁的工作环境需要从整理自己的一套工具开始。

范例：餐饮企业可以做到简洁的地方（如表 1–3）。

项目	内容
工具简洁	要求每一名员工都能确保每一件工具都有“家”，并处于整洁、随时可用的状态。
人员简洁	严格要求服务人员的态度、举止及服装仪容，制定服装仪容标准，保持着装干净卫生。
物品简洁	建立工作物品存放方法，确保它们具备可用的品质。
财务简洁	定期做财务报表分析、管控利润，规划成本，让餐厅成本减少，使利润增加。
环境简洁	工作台上的物品应摆放整洁，擦拭器具与桌面抹布区分开来，保持地面干燥，给排水沟加盖，并至少每周清洗消毒一次，设置专放打扫工具的空间及杂物区，厨房及餐厅外围四周环境要保持整洁。

表 1–3

反思：您的企业有哪些可以简洁的地方？如何做到简洁？

3.6 源全管理系统实际效益——效率

效率，是指通过源全管理系统的运用，提高现场环境资源的利用效率。我们要让所有的设备处于最佳状态，随时备用；通过物品的合理存放减少因寻找对象、工具等时间及动作上的浪费。保证所有的物品都只有一个“家”，任何事情都要第一次就做好、做对。

图 1–2 是我管理的幼儿园办公室的文件柜，仅需 30 秒即能找到需要

图 1–1

的文件，同时也保证文件不会丢失。这个文件柜有什么特别之处呢？首先，四层使用了颜色区分，四种颜色分别代表不同类型的文件；其次，文件夹背部有线条区分，斜线保证摆放的时候不会左右乱放；第三是墙上贴有文件的存放总表，寻找文件前先查阅总表；第四是我要求借走文件夹的员工必须要在相应的位置留下记号，这样当文件不见的时候就能够追踪到。

当初设计这个文件柜时，有员工跟我说，政府管理的文件只需要 8 个，因此一层文件夹不需要做 12 个。我说不行，一定要多买 12 个，4 个文件夹空着也没关系。因为人会无意识地随意摆放东西，如果一层空出了 4 个文件夹的空间，很快就会摆上很多衣服、鞋子、食品等物品，又会弄乱整个文件柜。

范例餐饮业可以提升效率的地方：

A. 餐厅动线的合理规划，有助于提升员工的工作效率。

B. 物品存放做到有“名”有“家”，减少寻找时间。

C. 增加特色菜品的打造，提升客人点菜的效率。

D. 使用平面图、存放总表，减少寻找的时间成本。

E. 编写工作流程，让员工第一次就把事情做对。

……

反思：您的企业有哪些地方可以提升效率？如何提升？

第二章

1S —— 整理

整理是指观察、分类及压缩不要的资源，这是一个做减法的过程。整理有 9 个关键字：先观察、后分类、再集中。观察什么？观察我是谁，我需要哪些设备、工具、物品、使用多少面积、需要多少人手等。

1 整理 —— 概述

整理是指观察、分类及压缩不要的资源，这是一个做减法的过程。整理有 9 个关键字：先观察、后分类、再集中。观察什么？观察我是谁，我需要哪些设备、工具、物品、使用多少面积、需要多少人手等。比如餐厅的凉菜部，需要什么？需要一个独立的专间，需要有专用的刀和砧板，需要制作凉菜所需的的相关餐具、原材料、工具等。什么是“后分类”？后分类是指把整个区域里所有需要的物品、工具、设备等全部进行分类，工具类的放在一起，餐具类的放在一起等。什么是“再集中”？再集中是指把所有需要的、分类好的物品集中在一起进行下一步的存放。所有不需要的物品则外置在一旁做回仓、转赠等其他处理。

把不需要的都去除，减少不必要的环境、人手、物品和流程，从资源增值的角度看，整理是为了减负，也是让企业减少负担、减少负债，从而更为高效地运作；从安全健康的角度看，整理则是为了营造出简洁的工作环境，去除那些潜在的安全隐患，让企业运作得更加安全健康。

综上所述，整理并不简单等同于处理不需要的物品，然后做到减负。源全管理系统的现场管理从整理开始，通过先观察、后分类、再集中的原则，清楚地将环境现场的物品分门别类，处理不常用到的物品，抛弃不需要的物品，避免资源浪费，避免现场凌乱等。

2. 整理 —— 资源增值

国内餐饮业自非典之后迎来了快速发展的阶段，2005 年到 2012 年期间，每年都保持两位数的增长率。那几年我在北京服务的很多企业都是高端消费餐厅，生意非常火爆。然而，自 2013 年中央“八项规定”出台之后，很多餐厅的生意迈入了寒冬，尤其是高端餐饮，突然之间少了很多生意，有的企业营业额下滑高达 60%。面对这样的客观现实，企业转变的过程中首先需要整理，减掉负债，减掉负担，减掉不需要的物品，从而使企业得以减负。我的一些会员单位就是通过这样的方法，砍掉了门店中不需要的面积、不需要的人手和不需要的物品，降低了企业的经营成本。与此同时，再通过其他方式进行营业额的开源，帮助企业顺利度过了发展的转型期。

在管理一家门店的过程中，作为经营层和管理层，需要时刻关注一系列的财务指标，也就是企业的产值。通常需要关注的指标有营业额、面积、餐位数、面积产值、餐位产值、人力成本、人员产值、炉头产值等，这些指标参数会反映出很多的管理问题，也能反映出企业是否在健康成长、是赢利还是亏本等。这就好比我们要定期做各项身体检查，了解体重、血压、血脂等指标一样，因为不好的指标会反映出体内的病症，好给予及时的治疗。

在餐饮企业中常见的产值（如表 2–1）。

序号	项目	标准	明　细	公式
A	营业额	元 / 月		
B	面积	平方米		
C	面积产值	元 / 平方米		C=A/B
D	座位数	位	实际餐位 = 核算餐位 = 实际餐位数 ×0.75=	
E	座位比	元 / 位 . 月		E=A/D
F	员工数	位	餐厅总人数 = 前厅员工 =　　位（40%） 厨房员工 =　　位（40%） 后勤员工 =　　位（20%）	
G	人均产值	元 / 人		G=A/F
H	人力成本	元	不超过营业额的 20%	
I	生产仪器	个		
J	仪器产值	元 / 个		J=A/I

表 2–1

我在做源全管理系统辅导之初，服务的第一家企业是稻香集团。我去看他们的中央物流中心，发现很多箱子里装的是崭新的领带。我拿出领带来一看就笑了，图案竟然都是一条一条的鱼。他们的 5S 主任很尴尬地说："我们之前是做稻香火锅的，后来开稻香鱼港的时候，老板买到一批印着小鱼图案的领带，要求所有的经理都必须打这样的领带。然而这领带实在太丑了，我们的经理经常被客人嘲笑。于是我们悄悄把它们放在箱子里，已经放了两三年了，也不敢处理，也不敢告诉老板，因为怕被老板骂。"

这只是一个例子。餐饮业有太多不必要的物品了。拿冰箱来说，究竟每月 300 万元营业额的门店需要几台冰箱呢？在香港，通常 100 万元营业额的门店使用 2 台冰箱，200 万元营业额的门店最多使用 3~4 台，300 万元营业额的门店使用的冰箱不超过 6 台。在北京眉州东坡的总结报告中，他们对冰箱进行了整理，结果发现每 4 台冰箱就可以砍掉一台。之前一家门店有 12 台冰柜，使用了源全 5S 系统之后留下了 8 台。剩下的 4 台，有些使用时间比较久的就做报废处理，其中 2 台使用时间不长的冰箱则用来做解冻冰箱，确保食品安全，使冰箱使用的价值最大化。

餐饮业有没有不必要的环境？现在房租成本不断上涨，很多门店都会设计一个仓库。但仓库里面摆放的很多物品却是淘汰的餐具、台布、工具等。这些物品没有经过整理，占据了仓库的空间，使得仓库的利用率下降。而仓库里的物品摆放混乱，又大大降低了员工寻找的效率。因此做了源全管理系统的企业，500 平方米以下的餐厅不设仓库。海底捞在做整理的时候，后勤每两个岗合并为一个岗，从而使整个海底捞的后勤减掉了 1/5 到 1/4。多一块地方不仅多一些房租，还要每天多做一点清洁，所以能减则减。

餐饮业现在有没有多余的人手？很多人都说没有，因为缺的人请都请不到。其实并不是缺人，而是现有的人手没有发挥最大的价值。绝大部分企业都实行一人一岗，其实很多时候员工上班时是没事做的。而现在我们流行的一句话则是“没有岗位，只有功能”。我曾经去旺顺阁在西安开的一家新店参观，看了以后非常感动。我是下午 6:15 看到他们的收货区、粗加工区已全部关灯，上锁。为什么呢？原来，旺顺阁规定上午 11 点之前和下午 6 点之前所有粗加工环节必须全部完工，然后员工换衣服去其他的岗位工作。这就是人员的整理。

餐饮业现在有没有多余的流程？很多企业都有仓库，每天晚上总厨开了调料的申购单，第二天早上供应商送到仓库，库管员非常用心地验货、收货，并按照先进先出的思维储存在货架上，然而直到下午，这些调料才会被厨房领走。这个调料进仓库储存的过程，就是多余的流程。

2.1 减去多余的环境

城市快速发展，带动了商业地产的快速发展，一方面为餐饮经营者提供了大量可供开店的位置，另一方面也给经营者带来了租金上的压力。在没有办法改变租金的情况下，经营者唯有通过用好每一寸土地，实现环境价值最大化。

餐饮经营者首先需要思考一个问题：究竟多大的门店效率最高？很多经营者的经验是，开在城市商场的店无须过大，300 平方米的门店效率最高。因此，在选好位置设计门店的时候，一定要核算好自己的最佳位置，先不装修多余的面积。比如说，麦当劳有一些门店选店的位置是 400 平方米，实际经营测算的最佳位置是 300 平方米，他们就会把 100 平方米的面积隔起来，简单地装修后做别的用途，如员工休息、用餐等。之前某知名企业在上海浦东开了一家店，两个楼层面积加起来近 1000 平方米。开业之后生意一般，门店为此承受了高额的租金和人力成本，员工士气低落。后来，他们把二层的区域全部租给总公司，专门用来做上海地区的新员工培训场地，一下子负担就减轻了。

在传统的经营概念中，很多门店会规划仓库、收银台、办公室等功能区，这些区域利用率低下，耗费了大量的租金成本。在源全 5S 体系中，建议大家可以通过“没有仓库的仓库”去减掉仓库，通过前厅一站式工作站取消收银台，把这些功能区域释放出来作为客人用餐区，提升环境的价值。

木屋烧烤前厅一站式工作站：集中了收银、酒水、备餐、收餐等前厅工作站（如图 2–1）。

图 2–1

在传统的餐厅设计中，厨房通常有三条线，一条炉灶、一条打荷、一条切配，这样就会把厨房设计成三条走道，但是，我们建议打荷和切配合二为一，既节省一条通道的面积，又能做到人员的节约。

反思：一家 500 平方米以下的餐厅，“多余”的地方有：1. 仓库；2. 收银台；3. 过宽的走道；4. 办公室。您的餐厅还有哪些多余的地方呢？

2.2 减去多余的人数

人力成本与食品成本、维修费用和能源费用构成了餐厅的四大可控成本，决定了企业赢利能力的高低。事实上，越来越多的餐饮企业都在因人力成本的攀升而苦恼。原因在于，社会基本工资越来越高，各项保险、福利政策越来越完善，再加上同行之间为吸引、保留人才而将工资越抬越高等。为此，每家餐饮企业都应该积极想办法优化流程，提升效率，在现有的人力资源中找出多余的人手，做到人员的资源增值！

餐厅如何对人员进行有效管理？首先需要做的是进行餐厅的人员定编。定编是指根据餐厅的营运需求、预估的营业额，进行相对应的工作人员的安排。比如，一家餐厅从管理的角度看需要有店长一名、前厅经理一名和厨师长一名，该餐厅最高峰的时候有 100 位客人用餐，一名服务员最多可服务 20 个客人，因此核算出来这家餐厅 5 名服务员的定编。餐厅在做定编的过程中，要能够保障日常管理工作的正常开展，安排足够的管理人员；同时还要对预估的营业额和服务的程度进行考虑，确保所安排的人员能够提供稳定的服务。为了做好人员的资源增值，门店可以使用小时工，以便定编更具弹性。

餐厅在做了定编之后，需要思考要设置多少个岗位。要看有没有岗位是可以合并的，有没有岗位是可以直接取消的。比如，现在很多餐饮企业都将收银的岗位和吧台合并，还有很多餐厅则直接取消收银员岗位，直接让部分服务员顺便负责买单的工作。餐厅在定岗的过程中，一定要做大量的数据分析，比如通过分析半年的数据，发现点心的营业额非常低，这个时候就可以思考是否直接砍掉点心这个岗位。我们的会员单位中就流行“没有岗位，只有功能”这个观点。

餐厅有了确定的定编和定岗以后，接下来需要进行定位的工作。让每一名员工都知道自己的工作地点，明白每个时间段该做什么事情。很多时候，我们到一家餐厅，如果发现人员比较混乱，服务比较滞后，那就说明这家餐厅存在着工作人员定位不清晰的情况。

餐饮用人多，跟两个“设计”有着关系。一是餐厅的动线设计，过长的动线、曲折的动线、不能互通的设计都会造成员工多走路，于是人员用得多；另一个是菜单设计，菜品数量多、烹饪方法多、菜品品类多，也会造成门店员工多的情况。

2.3 减去多余的物品

餐具是餐厅的重要物品。很多餐厅在餐具的管理上存在着非常大的机会点，这是因为餐具的种类太多，规格太多，数量上也没有经过合理的核算。当储备的餐具太少时，会造成出品的时候不够用，于是为了应急而轻易地改变出品的标准，以至于影响了应有的品质，降低了顾客满意度；当储备的餐具太多时，又会造成丢失、浪费以及管理上的种种难题。

正确的做法是根据餐厅的人流量进行测算，然后根据翻台率，再加上一个安全储备量，对筷子、汤勺、筷架等餐具的量进行预估。比如，一家餐厅日最大客流量是 800 人，翻台 4 次，则每轮为 200 人，加上 80 套点安全储备量，这样核算下来，基本上准备 280 套点餐具就非常合理。出品的盘子同样也需要进行核算，核算每一道菜每天的预估销售量是多少，再加上一定的安全库存即可。

通常在一家中档的中餐厅，每位客人使用的餐具，包括筷子、碗、茶杯、盘子等，数量约为 10 件左右，餐厅也可以根据客人用餐结束后的餐具总数除以用餐人数，得出一个平均的餐具标准数，然后进行自我评估。

表 2–2 是某企业做的一个标准，将餐厅里的每一种餐具以及布草，根据餐位数进行统计，然后制定标准。每当有新店筹备的时候，就可以根据这个标准进行各项餐具、布草的申购。

家私名称	预计依据
圆托盘	以餐位 0.17 倍
匙更	以餐位 5 倍
7 寸骨碟	以餐位 5 倍
大厅筷架	以餐位 5 倍
水杯	以餐位 1.3 倍
茶壶	以餐台数 1.5 倍
碗仔	以餐位 5 倍
茶杯	以餐位 5 倍
180*180cm 白台布（2~4 人）	以实际台数 7 倍
220*220cm 白台布（8~10 人）	以实际台数 7 倍
260*260cm 白台布（12~16 人）	以实际台数 5 倍
直径 400cm 白台布（20 人用）	以实际台数 5 倍
直径 230cm 红台布（8~10 人）	以大堂可摆酒席桌数的 2 倍
直径 270cm 红台布（12~16 人）	以实际台数 3 倍
直径 410cm 红台布（20 人）	以实际台数 3 倍

表 2–2

餐具之所以难管理，另外一个原因是更新太快。很多时候老板到别的店，看见自己喜欢的餐具就会买回来，越买种类越多。而同一款餐具因为损耗或者菜品下架就不再用了。这常常导致仓库里有很多款式的餐具，每款的数量又只有那么几个。这个时候，如果根本用不到，就要及时处理，千万不要随便放回仓库，仓库不是垃圾房。

2.4 减去多余的流程

工作流程是指企业内部发生的某项业务从起始到完成，由多个部门、多个岗位、经多个环节协调及顺序工作共同完成的完整过程。在餐饮门店整个生产的过程中，通常存在着以下七大流程上的浪费。

A. 运输浪费：指的是员工发生的没有意义的走动过程，或者是走动过程中的低效。三个楼层的门店，厨房在一楼，每天让员工端着菜辛苦地上上下下就是多余的运输，完全可以通过传菜梯进行减负；或者设计餐厅时厨房置于角落，造成传菜动线过远，也是运输上的浪费。

B. 储存浪费：指的是没有意义的储存。餐厅应该做到“三天来货不进仓”，每个部门需要的调料无须进入仓库，因为调料一进一出的过程会牵动多人。这个就是多余的储存。

C. 加工浪费：指的是在食材处理过程中，那些过于花哨的装盘、过于复杂的造型过程。今天的顾客讲究用餐食材的本与真，无须有太多的食材夸张加工。

D. 动作浪费：指的是因餐厅设计、动线混乱，而产生的员工工作不顺畅。如厨师炒好的菜，需要由打荷端到传菜处，好的设计是炒好的菜品直接递到传菜处。

E. 预制浪费：指的是在备货时没有数据做支撑，准备的太多了。比如餐厅卖的煲汤，到了晚上没有卖完，为了节约通常会冷藏剩余的汤，第二天继续使用。这个就是多余的预制，不仅浪费了能源，同时也影响了汤品的品质。

F. 不良品浪费：指的是生产过程中，未按标准流程和标准生产的菜品，份量太少、口味太咸等，这样的产品客人不满意，产生的退菜、换菜成本，就是不良品的浪费。

G. 等待浪费：指的是工作人员毫无主动的意识，在岗位上等着事情做。传菜员等着传菜、厨师等着炒菜，这些都是多余的等待，可以通过“没有岗位、只有功能”的理念进行调整。当然，对于餐厅来讲，最大的等待是等着客人上门。

反思：您的门店有多余的流程浪费吗？

3 整理——安全健康

为什么现在很多厨房的卫生状况不好？为什么现在很多厨房得不到有效的清洁？其实一个重要的原因是现场没有得到有效的整理，比如，设备太多、工具太多、餐具太多等。太多的东西导致现场变得杂乱；太多的东西导致清洁的时间加长，难度加大；太多的东西导致工作效率变得低下；太多的东西带来了安全隐患。

不知大家是否有这样的经历？随着休息时间的增加和收入的增加，我们会购买大量的东西——衣服越来越多，鞋子越来越多。拿厨房来说，以前厨房里只有电饭煲，现在则有了豆浆机、微波炉、酸奶机、煮蛋器等。有时候我们会因为东西太多而产生了“选择综合征”。比如，人们每天需要花大量的时间选择明天穿什么衣服，用什么电子产品；同时，家里的清洁也变得越来越难搞。不是因为懒，而是因为工作量实在太大了。灰尘越来越多，对我们的健康也慢慢产生了影响。

因此，从安全健康的角度出发，做好整理也是非常重要的。我们要做到不做整理的整理，不做清洁的清洁，不做卫生的卫生。日本作者山下英子的书《断舍离》非常畅销，这是特别棒的一本书，教会我们如何通过对物品的断和舍，来摆脱对物欲的依赖；通过环境的简洁达到心灵的简单纯洁。大家一定要相信，在一个组织里能够改变人的是环境，简单的环境能够让人变得简单，复杂的环境只能让人变得复杂。

结合《断舍离》的核心思想，我认为在整理的时候可以这样做。

断：在添置设备、物品及餐具时，一定要思考哪些是企业真正需要的。如果是企业不需要的物品，就一定不要添置。比如，对一家主打川菜的大众化餐厅来说，咖啡机就不需要添置，即便是咖啡机质量特别好价格又便宜也不需要，因为人们很少有喝着咖啡吃水煮鱼的消费习惯；另外，在添置物品时，还要看该物品是否是企业当下所需的。如果不是当下所需，则不要添置，不要为未来添置东西。比如，在商场里看到好的沙发，不能想着后年装修办公室的时候会用到，所以就提前买回来。一旦买回来，一来没地方摆放，二来到了后年一定会有更好的沙发推出来，这个沙发说不定就不喜欢了。

舍：对餐厅现有的物品先观察、后分类，对于那些餐厅不需要的东西一定要做到舍——可以转赠，可以售卖，还可以直接抛弃。这件事看起来简单，真正做到却并不容易，这要求经营者一定要有前瞻性，要有魄力。为什么很多餐厅的仓库里有很多的残余餐具？为什么很多餐厅里有很多多年未用的东西？就是因为经营者舍不得，觉得有一天会用到。于是餐厅变得杂乱无章。

离：经营者通过持续不断的断和舍的践行，慢慢地养成不随意买东西的习惯，不会因为东西好就去买，而是因为当下对自己的餐厅有用才去买。这样一来，餐厅会变得很轻松，轻装上路，各项管理也变得容易，从而使企业达到不做清洁的清洁，从源头上做好安全健康。

3.1 物品分层管理

在对餐厅物品断舍离的时候，首先需要对物品进行分类，即：根据物品使用频率的高中低进行合理的分类保存。如表 2–3 所示：

使用程度	必需的程度（使用频率）	保存方法（分层管理）
高	1. 每日至每月都会使用的物品 2. 每小时都需要使用的物品	把它保存在工作现场附近 随身携带
中	1. 1~6 个月内，使用过的物品 2. 公共使用的物品	把它保存在工作区域的非中间区域 把它保存在工作区域的中间部分
低	1. 一年都没有使用过的物品 2. 7~12 个月内，使用过的物品	抛掉或回仓 把它保存在离工作区较远的地方

表 2–3

首先我们来看一下使用程度高的这个层次：在餐厅里使用频率高指的是每天都会用到的物品，或者是每个月需要用到至少一次的物品。比如，每个员工开工时需要用到的一套工具，像前厅的餐具，像厨房的刀和砧板等，这些都是每天都会用到的物品。这些物品应当保存在工作现场附近的操作台上，便于随时拿取。另外，店长都会有一套管理的文件档案，这些文件档案里有每天都会用到的检查表，有每天都会用到的 SOC 操作流程书，也有一周才会用到的排班表，还有一个月才会用到的财务报表，这些物品也需要保存在店长工作时的现场附近，如办公室的文件柜中。

在高使用率的物品中，还有一些是每小时都会用到的物品，比如服务员随时会用到的开瓶器和笔等，这些物品应该随身携带，因为不可能等客人的红酒上好之后，再满餐厅地跑着去找开瓶器。

第二个层次指的是使用程度中等的物品，通常指 1~6 个月内会使用一次的物品。比如，有很多企业每个季度会做一次商圈集客的活动，对于活动中用到的相关设备、物品就是中使用率的，这些物品应该摆放在工作区域内方便管理的区域。中使用率的物品还包括公共使用的物品，比如冷菜间的微波炉，点心间的搅拌机、冰箱等。实际工作中不可能给每个冷菜间的厨师都配一台微波炉，通常是一个部门共同使用一台。这类物品也要存放在工作区域的中间位置，以方便所有人使用。在源全 5S 管理中，最难管理的物品是中使用率的物品，一方面其使用频率不高不低，不会每天都用到，也不会一年才用一次；另一方面不是专属于某一个员工，没有负责人。这些物品使用后很可能就随意丢弃了，但是每个人都会说不关自己的事，因此这些物品一定要做好整理，做好现场的目视管理。

第三个层次是使用程度低的物品，指的是一年之内都没有使用过的物品，以后也不会再用到，比如餐厅开业时用过的一些花篮、宣传横幅等。这类物品应该在整理的时候直接抛掉，或者返回到企业的总仓。返回仓库的物品必须确保有一天能够再次使用，否则就不要回仓；另外 7~12 个月才会使用的物品也属于低使用率物品，比如，餐厅里用于圣诞节装饰餐厅的圣诞树，春节时使用的灯笼等，这些物品也应该把它保存在离餐厅工作区较远的地方，如餐厅内的仓库里，或餐厅里其他隐蔽的地方。

3.2 一套工具

有了物品的分类，就可以在实际管理中，先明确各个岗位的一套工具（如图 2–2）。

图 2–2

不知大家是否统计过餐厅凉菜部必需的设备有哪些？比如，冰箱是否有多余的。餐厅里有没有一些工具是一年使用一次，现在已经过了使用时间，但是还是留在那里，没有好好整理的？比如，有些餐厅每年都会卖大闸蟹，但是过了农历十月，大闸蟹已经下市，然而蟹钳、蟹针等工具却还随处可见。我曾经问过我服务的企业里的一些管理者：服务员上班时必需的工具有几件？有人说有前厅三宝：笔、本、打火机；有人说还有工牌、开瓶器；又有人说还有发带、口红等，越数越多。到底需要几件呢？每家都不一样，但是没有一家能够准确无误地数出来。我去过昆明的一家餐饮企业，他们每天开工前都排队做职业安全保健操（职安操），开工前把关节充分地打开，紧接着第一排和第三排人员转过身来，相互检查，从头发到衣领再到工牌，帮对方看有没有漏带每天的一套工具。确保大家的工具毫无遗漏并保持一致后才分工。

厨师每天也必须检查工具。厨师的工具是几件呢？有人说是炒锅、勺子、漏勺、油缸、锅布，有人说还有毛巾、调料等。到底有几件？没有几个人能够说出来。我们都很清楚，一个厨房要有多把刀，有专门用来砍骨头的砍刀，有一般的片刀，有专门用来切蔬菜的，有专门用来切水果的。那究竟需要几把刀呢？所需刀具的具体数量也是需要做整理的。另外，调料也是厨师做菜时的必需品。究竟需要多少种调料呢？也是很难有人说清楚。我曾经问过一个客户，他们的厨师长也说不清楚。我说，那怎么办？他们调侃地说："没关系的，如果少酱油，厨师长大喊一声'酱油'，就会有人送过来。"这些都是非常简单的小事，但小事处理不好往往会给工作带来大麻烦。很多门店现场需要的工具找不着，不需要的工具却满桌子都是。整理物品即是请大家将各个岗位开工的一套工具整理出来，确保工作时的高效；然后把那些不需要的工具清理出去，避免占用空间，增加清洁的工作量。

思考一下：罗列您的企业各岗位开工的一套工具。

3.3 抛掉四部曲

源全管理系统管理体系中,为了能够做好物品整理的规范性、系统性,建议做如下 4 个步骤。

（1）平面图和分区负责人：这是做餐厅整理的第一步，每个区域有明确的负责人，拿着平面图进行餐厅的整理，不遗忘任何的角落。

（2）整理的生命期：很多门店的一台冰箱会用很多年，坏了修，修了好，好了又坏，最后发现修的钱完全可以买一台好的冰箱。这个时候就需要通过生命期进行物品的管理。

（3）垃圾的分类：在实际整理的时候，最好是由区域负责人，拿着平面图和物品的生命期数据，对物品进行盘查，给高使用率和中使用率的物品做上标记，将低使用率的物品分成回仓、转赠、卖掉几类，这个过程就是“垃圾”的分类过程（此处的“垃圾”只是一个代名词，指的是餐厅里用不上的物品，不完全是指垃圾）。在垃圾分类过程中可以使用“五色卡纸”小工具。

（4）抛掉的记录：有了上面的“垃圾”分类后，就需要把那些没有使用价值的东西扔掉或卖掉，把那些自己用不上的物品转增给兄弟门店等。这个时候需要注意，任何物品的任何形式的转移，都需要有记录，让负责人签字，让财务备案，做好门店的资产规范管理。

补充 1: 整理的生命期

什么叫作生命期？整理必须要学会的一个方法，是给餐厅的每一件物品制定一定的生命期。物品在生命期内需要及时做好维修保养、保管等管理工作，不可以抛弃；过了生命期后，如果没用就要直接丢弃。提前做好生命期，能够解决未来的很多管理问题。任何时候当企业有标准的时候，员工就有一个法度，按照标准做事；假若没有标准，很多时候员工会不知所措。

分享一个我的真实经历。2005 年的一天，财务来找我，说："投影仪坏了怎么办？"我当时正忙着别的工作，头都没抬就说："维修。"后来我发现我的员工特别喜欢在我忙的时候请示工作，因为我在忙，所以基本上任何申请都会直接批复。然而，一个月之后，他拿着维修投影仪的发票来找我签字，我一看发票吓了一跳，就冲他发脾气了。原来，这个投影仪当时只坏了一个灯泡，换个灯泡就要收我们3500块。我说："你傻啊，买一台新的投影仪只要 7000 多块，你花了 3500 块只是维修一个坏了的灯泡，那还不如不维修。"他说："不能怪我啊，因为你批准了啊。"他说这个投影仪是 2002 年买的，那时候投影仪很贵，花了 2 万多元，三年前买的投影仪，再拿去维修，供应商都不愿意修，宁愿你再买一台新的。他告诉我，因为这个投影仪找不到对应的灯泡，维修商找了很久，所以收了这么高的维修费。我说："那就不要维修啊，买一台新的。"但是他说："你没有批准啊。"

请问这是谁的责任？当然是我的责任。我后来跟这位财务道了歉。事后我感到非常内疚，我教了 6 年的源全管理系统，在我自己的公司，我却忘记了这个标准，没有在自己的企业里做好整理的生命期管理。没有一个员工敢抛掉任何东西，他们是害怕我有特别好的记性，害怕我过了三年后让他拿出来已丢弃的东西。从那之后我们做了一个计划，如图表 2–4 所示。

颜色	年份	分类
红	1年	参考数据
橙	2年	文仪用品
黄	3年	电子产品
绿	4年	电器用品
青	5年	家具
蓝	6年	会刊、特刊
紫	7年	财产资料

表 2–4

自那以后，我就规定：公司里所有参考数据的生命期是 1 年。我每年都会对各项文件进行更新，过期的就丢弃，确保企业里的资料永远只有一个版本，以减少管理上的麻烦。我们所有的文仪产品的生命周期是 2 年，比如办公室的文具等，过了 2 年，没用的都会丢弃。所有电子产品的生命期是 3 年，比如公司里的电脑，3 年内出现问题，相关部门直接去维修，过了 3 年如果坏了，就直接换台新的，无须向我请示。所有的电器用品的生命期是 4 年，比如冰箱、电视等，如果有低于 4 年而更换的，我一定要去查明原因，以杜绝此类现象再次发生；所有家具的生命期是 5 年，为了让企业更具现代感，5 年也的确需要进行家具的更新换代；所有会刊、特刊的生命期是 6 年，这些都是企业发展过程中的宝贵资料，纪录下了企业成长的点点滴滴，6 年内保存好，随时备用；所有财产资料的生命期是 7 年，这是因为必须符合国家相关法律法规的规定。不同的生命期用不同的颜色进行分类管理。

现在，在我的源全学会、幼儿园和清凉厨房等单位，所有的物品都配有标签，在标签中清楚地标明了产品的名称、购置的时间、厂家信息、产品的编号和存放位置。

此外，还要有一个生命期的标记，如图 2–3 所示，投影仪属于电子产品，它的生命期是 3 年，于是在标签中有了一个黄色的小标记，并有“3 年”的字样。通过这种方法，管理变得更为简单、轻松。

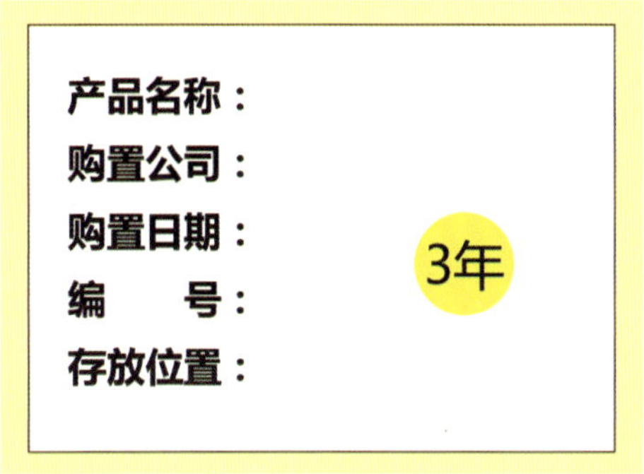

图 2–3

餐厅里有类似的情况吗？比如，你们的冰柜经常维修吗？使用了几年的冰箱坏了直接抛掉吗？还是说这些都是老板说了算？我看到很多餐厅里面有一大堆老古董，使用了十几年的冰柜、冰箱，运转时噪声极大，而且用电量很高，还经常需要维修。香港稻香集团有一年把所有的设备维修工作外包给外面专业的公司，餐厅里一旦设备坏了，不管是冰柜还是炉灶，只要拨打热线电话，很快就有维修人员过来处理。当时稻香集团已经有四十几家店了，所有门店的店长都非常开心，解决相关问题的效率比之前高了很多。有一天，我在他们企业做源全管理系统培训，那天刚好也是他们设备维修外包一年，维修商做了一个报告。看了这个报告后，我发现他们也犯了和我当时犯的相同的错误。稻香集团有一家分店，点心部一年内总共打了41通维修电话，这41次都是维修同一个冰箱。他们老板生气地说：“你傻啊，你以为41次维修不要钱吗？你只要打一个电话就会产生一些上门和维修的费用。”这个厨师就站起来说：“你以为我想这样吗，问题在于我根本不知道什么时候才能抛掉这些坏的设备。”

补充2: 五色卡纸

以上内容是我们对整理的原理的系统性讲解。在实际的整理中，可以在分类的时候使用“五色卡纸”，如图2–4所示：

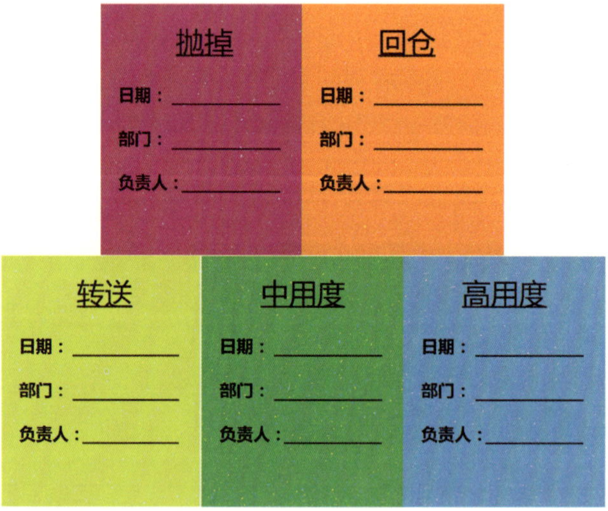

图2–4

在实际的整理过程中，经过对所有的物品、工具、设备等的观察和整理，我们发现通常有四大类处理办法：直接抛弃、回仓、转赠和需要使用。

其中，需要使用的又可以根据使用程度的高中低分成三小类，这个时候我们就可以使用图 2–4 中的小卡片，在每一类物品上贴上相对应的卡片，并填写完整相关信息。这样操作的作用是便于做第二个 S——存放。

餐厅里面每天都会产生大量的垃圾，有可以回收的垃圾，如纸箱、酒瓶等；有不能回收的厨余垃圾，如洗碗间的泔水、剩菜剩饭等；还有不可回收的其他垃圾，比如使用后的餐巾纸、啤酒瓶盖、地面垃圾等。为了做到环保、清洁和卫生，门店也应该对垃圾进行分类整理，以便于垃圾的后续处理工作。

图 2–5 所示为源全 5S 学会会员单位的垃圾分层管理方法。

图 2–5

案例：餐饮中的浪费现象

我服务过很多餐饮企业，每次认证的时候，我都会要求门店先做一个检查的巡视图，认证的过程中我会带着企业的人员根据巡视的顺序逐一进行源全管理系统的项目检查。后来，我的客户都摸清了我的脾气，在认证的时候也和我玩起了游戏。比如，当我在第一站检查的时候，他们会把第二站的多余物品全部移到第四站，第二站检查结束去到第三站的时候，他们再把第二站的物品全部移回去。这样一来就会非常容易地通过考核。

这一次，在认证的时候，我突然说今天不按照顺序来，我们倒着考，先去最后一站，楼上的天台。这时候他们吓坏了，一开始不同意，但我执意坚持，他们就没办法了。

以前在那个天台上，我看到过很多牛肉和火腿肉。我问："这是在做什么？"他们告诉我是因为生意太好，来不及进行正常的解冻操作，只能放在天台上用太阳晒，还美其名曰"自然解冻"。这家餐厅的厨师想法很独特，但其实这种做法对食品安全有非常大的影响。

这次认证的时候，我一到天台就看到如图 2–6 中的景象。

图 2–6

我特别惊讶，问他们的老板："为什么会有这么多的餐具？"老板很难为情地告诉我："会长，我这也是迫于无奈啊。"原来，年前的时候，店里的生意异常火爆，一个中午都要翻台一次。生意好，老板自然开心，但是洗碗部的员工不干了，离职了好几个，因为他们从早到晚有洗不完的碗，太累了。老板看到后说："没关系，那就去买新的餐具。"于是买回来一大堆餐具。

春节过去了，生意回落了很多，这么多的餐具洗碗间摆不下，厨房也摆不下，只好放到天台上。现在生意又不太好，这些餐具就再也用不到了，就这样放在天台上面，风吹雨淋，再加上厨师经常抽烟，烟灰和烟头也直接丢到餐具里，导致这些餐具已经报废，不能再使用了。

这样的情况其实在餐饮业很常见。买这么多餐具花费不小，现在却只能眼睁睁地看着它们报废，特别可惜。企业面对这些浪费，解决的方法就是从源全 5S 开始，一步步地落实，全面提升现场管理的资源增值和安全健康。

3.4 环保回收 3R

经营和管理一家餐厅，需要管理者有更高层次的思考，站在环保节约的角度来看待问题，看如何能够更好地对物品进行管理。比较流行的"3R"理念，即：Refuse（拒绝使用）、Reduce（物尽其用）和 Reuse（废物利用）。

（1）拒绝使用：之所以会扔掉很多物品，根源在于买得太多。拒绝使用说的是通过整理，明确在未来的管理中，哪些物品是禁止进入门店的，比如质量不达标的食材、危险的物品等，从根源上禁止这些物品流入门店。

（2）物尽其用：节约是中华民族的传统美德，体现在企业管理的点点滴滴。我们要时常反思，自己有没有做到不浪费一滴油、不浪费一块边角料？这并非从经济价值考虑，而是要培养工作伙伴对于万物的恭敬态度。

（3）废物利用：对于很多失去使用价值的物品，我们会直接扔掉。比如，餐厅每天有大量蔬菜要清洗，这些清洗蔬菜的水都是直接从下水道流走。事实上这些“废水”收集起来，还是具备清洁环境的价值的。

4 整理——关注的环境

4.1 收货区管理

收货区是餐饮门店极为重要却又很容易被忽视的一个地方。每天采购的肉类、蔬菜等原材料都是经过收货区进入餐厅，是物品进入餐厅的第一道关口。如果收货区管理不善，非常容易造成资源的浪费，也非常容易带来食品安全隐患和危机。

为什么收货区管理不好会造成资源浪费呢？餐厅每天采购的食材种类繁多，每一款的数量又各不相同，并且这些食材涉及多个部门。不知道大家有没有做过这样的测算？一个月营业额 100 万元到 150 万元的餐厅，在指定的环境里，究竟需要多少人、多少时间完成收货的工作？一个厨师半个小时大概可以完成多少斤肉和蔬菜的验收？如果这些都没有一定的标准，就会造成人力资源的浪费。与此同时，收货区还需要有对各种原材料的验收标准，没有相应的标准很容易造成验收过的鱼太小，蔬菜不新鲜等问题，而这些都会导致各种浪费。

收货区管理不好会带来食品安全隐患和危机是显而易见的道理。餐厅收货人员验收时需要按照标准进行品质的把控，包括对供应商的资质审核等。如果没有把好关导致收到变质的肉类，或者在验收工作结束后没有及时对现场进行清理，对收货区的环境卫生造成交叉污染，食品安全的危机就会随之而来。

当前，一些餐厅在收货区的管理上仍存在很大的提升空间。有一次，早上 9 点钟时，在我服务的一个门店，我和他们的老板站在收货区观察。我们站了 45 分钟，发现了很多管理上的问题。早上收货的过程中，餐厅派出来的人来来回回至少有 25 人次，但每个人来后都只把自己需要的食材拿走，包装箱、塑料袋等都被丢在地上，最后需要有一个人专门来搞清洁。整个收货过程人员效率太低，收货区被弄得很脏；而且，收货的过程也没有二次检查，食材没有有效地分类；另外，也没有做好供应商的分时段管理，全部供应商同一时段蜂拥而至，收货区堆得满满当当，全是红肉、海鲜、蔬菜、干货；还有很多厨师因为着急用食材做准备工作，就从厨房跑到收货区来，我们就看到穿着工服的厨师蹲在那里找鸡、肉；更严重的是，供应商提供的食材在规格上有出入，厨师长就蹲在那里用刀割肉，弄得身上很脏，地上也全是血水。这样一来，所有的肮脏都被带进了厨房，很容易引发食品安全危机。

因此，每个企业都需要制定收货区标准，以下是一个收货区标准框架供参考，不同的企业可以根据自身的实际情况去完善丰富：

（1）机：用既定的时间、人数，把既定的来货收完，现场要有验货标准、退货标准、供货商

（2）人：供应商名单、收货人、验货人、清洁人

（3）物：收货一套工具、总重量、收货单、退货单

（4）法：双程行动、使用车或废弃层架放货、收货方法、验货方法、拿货方法、清洁方法、收货的安全操作法

（5）环：环境的亮度、环境卫生、收货路线、垃圾桶位置

（6）检：退货记录、收货表、红线管理、每月检查表

（备注：在源全学会，机、人、物、法、环、检是一个非常好用的工具，可以帮助我们更全面地思考问题，保障后期的执行。机指的是做这件事的目的、目标，以及相关的机制是怎样的；人指的是做这件事涉及的内部和外部的人员分别有哪些；物指的是这件事是要做什么样的东西，或者需要配合的工具、设备、表单分别是什么；法指的是做事的方法、流程分别是怎样的；环指的是环境，需要在哪些地方才能完成这件事情；检指的是追踪、检查和评估。）

动动手：根据以上框架，梳理出您企业的收货区标准。

4.2 垃圾区管理

垃圾区是餐厅里大家都不喜欢关注的区域，因为一想到垃圾就会给人负面的感受。然而事实上，垃圾区的管理往往能够体现一家餐厅的员工对工作的态度，能够反映出一个团队是否节约、环保、有责任心等。

我在很多会员单位餐厅做辅导时，都会拉着餐厅的老板们去看垃圾区。我们在垃圾桶里看到了很多被浪费的原材料。粗加工区域的垃圾桶问题则更严重，里面的原材料浪费达 40%。很多原材料在粗加工时被砍掉一半，只用前面或者后面；很多被扔掉的、整段的葱原本都是可以用来制作葱油的；在垃圾桶里，我们还看到很多过期的肉、鸡腿等，以及一些完好的餐具、工具等等。这些虽然都是小问题，然而对企业来说，浪费了很多资源，而且还使员工养成了不珍惜、不环保的习惯。

另外一个让人头疼的问题是卫生情况。我看到很多餐厅的垃圾区里一片狼藉，东西随意丢放，地面脏得无法落脚，蚊蝇乱飞。原因在于没有指定的负责人，或者有负责人，却没有标准的管理制度进行维护。

如图 2–7 所示，很多餐厅的垃圾区都是这样，墙壁、地面脏得一塌糊涂，垃圾桶也脏得不堪入目。令人费解的是，明明有很多垃圾桶，但是一天下来垃圾桶是空的，地面上却有很多垃圾。餐厅员工完全没有对垃圾进行分类摆放，垃圾

图 2–7

区越来越脏，员工也就越来越不愿意去打理，如此恶性循环下去。

有一点需要注意：为了保障食品安全，餐厅里不可使用裸露的垃圾桶，厨房里更应该使用隐蔽的垃圾桶，这样能够有效地避免交叉污染和蚊蝇滋生，厨房也不会有异味。何谓隐蔽的垃圾桶？

如图 2–8 所示，垃圾桶摆放在操作台的下方，使用的时候拉出来，丢好垃圾再推回去即可。为了做好垃圾区的管理，也需要制定相应的管理标准。企业在制定标准时可以思考以下问题。

图 2–8

（1）垃圾所占营业额的比例：餐厅每天到底会产生多少垃圾？垃圾和营业额的关系是什么？有个老板曾跟我说过，以前生意好做，100 万元的营业额会产生 100 桶垃圾，而现在做 80 万元的营业额，垃圾却还是 100 桶。这是因为备货量太多，浪费严重。因此，餐饮企业的首要任务是核算出垃圾占营业额的比例。

（2）垃圾区负责人：规定好每天整理、清洁垃圾桶的负责人，以此确保垃圾区的清洁卫生；对于一些可回收利用、可以卖钱的纸箱等，更需要有专人负责，以避免浪费。负责人要追踪清洁情况的执行，要及时进行相关垃圾分类的标识牌检查和执行的情况追踪，同时还需要有垃圾清理的联系人方式。

（3）垃圾清理制度与标准：垃圾区的垃圾桶多久需要进行清理，每天处理垃圾的方式、时间等。

（4）垃圾回收制度与标准：垃圾分类存放，对于可回收利用的垃圾，多久整理一次，如何整理，整理后如何操作等。

（5）清洁垃圾所用的方法：垃圾桶如何清洁，地面如何清洁，垃圾区的工具如何清洁等。

（6）垃圾区消毒方法：垃圾桶、地面、工具多久进行一次消毒处理，消毒的具体方法如何。

（7）垃圾区平面图：画出垃圾区的平面图，注明垃圾处理的东西、不同用途的垃圾桶分布等。

（8）垃圾区检查标准：垃圾区的卫生、垃圾处理、垃圾回收等事项执行的追踪检查表。

在制定垃圾区标准的时候，也可以使用上述的“机人物法环检”的框架。

（1）机：垃圾区越少、越小、越集中越好；建立垃圾分类分区管理（不可回收、可回收）。

（2）人：门店内部的垃圾区责任人；外部负责垃圾清运的负责人。

（3）物：设立垃圾桶的数量、大小与排序；垃圾分类的标识牌。

（4）法：设置垃圾桶、垃圾区的最高存量；规范原材料的切配方法，提高取净率；物品只有一个“家”，设计员工的行走路线，规范垃圾分区；泔水区安装消毒灯；垃圾区进行臭氧毒改造；建立垃圾区的清洁步骤等。

（5）环：建立垃圾区平面图，规范分区。

（6）检：清洁检查表、垃圾回收登记表。

动动手：根据以上框架，梳理出您企业的垃圾区标准。

4.3 仓库管理

仓库是餐厅里一个非常重要的区域。仓库里存放着大量的物品，这些物品不会每天用到，属于低使用率的物品，比如酒水、布草、家具等。仓库管理的好与坏将会直接影响到门店的利润、资金等财务指标。同时，仓库内的湿度、温度则会影响到食品的品质。

图 2–9

图 2–9 为一家管理不当的仓库，存在着诸多问题。在多年的服务经历中，我也发现了很多仓库管理上的问题。比如有的企业仓库数量太多，占用的面积太大，造成了环境资源利用率低下；在仓库里面，物品随意摆放，没有做到先进先出，没有存档总表，这会导致找东西费时间；有些物品因过了保质期而不得不报废，有时还会发生物品丢失的现象。

我之前的客户曾经问过我这样一个问题：他说餐厅在学习了我的辅导课程后，所有部门、所有员工都有非常高的意愿进行环境的整理、存放和清洁，大家干得热火朝天。然而这个时候，仓库的保管员却头疼了，因为每个部门为了让自己部门变得简洁，就把大量的、用不上的东西全部退回到仓库，仓库里被堆得满满当当，而且大家的整理工作还在继续。该怎么办呢？我们是否应该再租个房子专门做仓库？我说，这样下去可不行，就是再租两个仓库也不够。原来，很多时候大家都会把自己不要的设备、工具、餐具等物品退回到仓库。而这些东西有的有用，有的没用，没用的东西被丢回给仓库，使得仓库变成了垃圾区。这个问题解决起来很简单，就是要求每个部门要确保退回去的物品是能够“重见天日”的，要么自己以后还可以用，要么可以转到其他部门使用。

仓库的安全问题也是管理中的一个重点，安全包括财产安全、人员安全、食品安全等。源全学会的单位，都会被要求在规划餐厅仓库的物品摆放时，一定不能把贵重的酒水放在超过人身高的架子上。为什么？记得有一次，我在北京的一家客户企业做辅导。我们去到一家新店，发现有个经理特别紧张地拉着一个服务员不放，后来了解到：原来这家店刚开业不久，有位客人来用餐时点了店里最贵的一瓶酒，价值好几万元。当班的服务员非常开心，因为之前从来没卖出去过的高档酒被自己卖出去了一瓶，一定会有奖金拿，于是开开心心地去仓库取酒。由于那瓶酒的价值太高，所以存放在货架的最上层。然而服务员在取酒的过程中，因为紧张、激动，一不小心把酒瓶掉到地上，瓶子打破了。经理闻讯赶来，拉着服务员不放，说：“你跑不掉了！你要么让家里把钱送过来，要么一直给餐厅干活，直到把酒钱赔清为止。”这就是管理不善导致的问题，该追究谁的责任呢？

在设定门店仓库的管理标准时，需要思考以下问题。

（1）用平面图量仓库占用面积的比例：由于租金越来越高，餐厅需要在这样的情况下努力提高平效。加入源全学会的很多餐厅，都做到了面积在 500 平方米以下的不设仓库，面积超过 500 平方米的其仓库面积占 2%~5%。如何做到？后面讲“存放”的章节中会对具体的做法进行讲解。

（2）仓库存货量占总营业额的比例：存货量太少会影响到餐厅的正常营运，造成菜品的沽清，或餐具、布草不够用；存货量太多又会占用太多资金，影响到现金流。这个比例没有一个唯一的标准，不同企业、不同业态的餐厅都会不同。就我之前的经验而言，一家做中餐的餐厅，如果企业有物流中心，每天配送，通常要求仓库里所有东西加起来的总价值不能超过营业额的 1/10；如果没有配送中心，也不能超过营业额的 20%~25%。

（3）仓库负责人：有明确的负责人，专人进行管理。

（4）仓库的空间利用：多层货架的使用，架子和架子之间不能小于 2/3 米，上下层架之间留一个拳头的距离。

（5）操作安全注意事项：仓库的大门管理，贵重物品要存放在独立带锁的柜子中。仓库里还要做好温度和湿度的管理，避免出现食品变质和食品安全隐患的问题。

（6）物品摆放规则：所有物品要求离地存放；根据使用程度的高、中、低，对物品进行摆放。使用程度高的物品摆放在靠近门口的货架的中间区域，使用程度低的物品存放在远离门口的位置。

（7）物品的重量限制：要有明确的货架承重标准，避免损坏货架；易碎品不能摆放得过高，重的物品不能放得过高和过低等，以确保操作人员的人身安全。

（8）原材料仓库面积最小化：做到三天来货不进仓，尽量在工作区域做多层货架，合理订货，提高环境产值。原材料仓库最小化后，还能保证出品的新鲜度。

在制定仓库标准的时候，也可以使用上述的“机人物法环检”的框架：

（1）机：根据经营目标，制定仓库总存量表；制定库存总金额与库存周转期；分类制定各仓库基数表（成本仓库、费用仓库、餐具仓库、布草仓库、楼面仓库、吧台）。

（2）人：明确仓库责任人、领料人及工作职责；相关供应商的联系方式。

（3）物：货架的分类规则、仓库标识、风扇、去湿器、温度计等；库存总表。

（4）法：物品存放规则、先进先出、领料办法等；清洁标准。

（5）环：建立仓库平面图。

（6）检：仓库清洁卫生检查表、仓库货物存量检查表。

动动手：根据以上框架，梳理出您企业的仓库标准。

4.4 整理：会说话的口号

先观察，后分类，再集中

单一最好（管理复杂是因为环境太复杂，餐厅太乱是因为东西太多，因此要想办法让一个工具有多种用途，用最少的原材料做“同材多发”）

工具不归“家”，我也不归家

三天来货不进仓（通常进入仓库的物品都是超过三天以上才会用到，如果是三天以内就要用的，可直接放在操作区，不需要进进出出，增加工作量，降低工作效率）。

第三章

2S —— 存放

存放是指根据公司老板、企业以及业绩的要求，根据物品使用的频率，把必需的资源存放在合理的位置。餐厅里通常要存放合理的人手、合理的流程、合理的环境、合理的生产设备等。

1 存放——概述

存放是指根据公司老板、企业以及业绩的要求，根据物品使用的频率，把必需的资源存放在合理的位置。餐厅里通常要存放合理的人手、合理的流程、合理的环境、合理的生产设备等。在源全 5S 体系中，不是简单地存放物品，而是要考虑所有物品存放的数量是否合理，要考虑存放的位置是否有利于提高员工的工作效率，要考虑存放的位置是否有安全隐患，故这是一个做加法的过程，加的是物品存放的合理性、高效性和安全性！

企业在落实源全管理系统的时候，第一个步骤“整理”已经将那些多余的、没用的东西全部处理掉了，或抛弃，或转赠，或回仓。到“存放”这个步骤，就需要研究这些有用的东西怎么存，怎么放，怎么使用。在研究存放规律时，应严格以营运目标为依据，即一切存放的目的是为了营运。

合理的存放规律要求餐厅每一个部门的产值最大化，每一寸土地的产值最大化，每一个人的效率最大化，每一个设备的产能最大化，这些都是为了资源增值。另外，从安全健康的角度讲，如果每一个岗位所需要的工具、设备都合理地存放在合适的位置上，员工能够快速地拿到需要的工具，这就可以保证及时生产，从而确保餐厅稳定、正常地运转。为什么很多餐厅会出现员工受伤的情况？比如，员工一不小心被刀割伤，或者被货架上方的重物砸伤，这些都是存放不合理造成的。由此可见，合理的存放能够保证生产上的安全。

2 存放——资源增值

将 5S 从家庭的物品收纳变成一套系统的环境管理工具，最大的功臣是日本的丰田公司。是丰田公司通过坚持不懈的执行与归纳，最终将 5S 发扬光大。在丰田的管理系统中，关于“存放”有这样一句话：**在必须的生产、营运目标的前提下，以必须的结构、人力、物品、环境、流程，在必须的时间内完成，考虑上述之事在存放的合理性、安全性及效率性。**

首先，企业一切生产活动的目的是要能够完成预设的目标。这样的目标涉及企业品牌的知名度、营业额收入、利润增长、社会贡献等多个维度。由此可见，在这样的背景下，企业一定要对成本费用进行合理管控。通常，人力、场地、工具、原材料是企业成本费用的核心构成。通过有效的整理之后，这些都是企业运作中所必须存在的。于是，人力、场地、工具、原材料等存放的合理性、安全性及效率性将会决定企业利润点的高与低。餐饮门店的运作同样如此。

如何通过存放带来餐饮资源增值？

第一，是必须的产品结构的存放，即：餐饮门店一定要将整体的月度营业额进行分解，每一个必须的档口都要有一定份额的比例。在门店运营的过程中，门店的管理层要追踪每日阶段性销售目标的达成，每月进行各部门实际营业收入的分析，看是否已完成预设的目标。如果没有完成，说明企业浪费了太多的人力、物力和财力。

第二，是人力这一重要的资源增值板块的存放，即：餐饮门店要把必须的人力资源根据部门的营业额、工作的强度进行合理的分配。这个过程非常关键，因为在餐饮成本结构中，人力成本占很大的比例，而且在持续不断地扩大份额。在存放这个步骤，需要做好人员的每日工作计划，让每一个员工都知道自己每一分钟该在哪里做哪些事情，这些细节做好了，必然会带来人力资源的增值。

第三，是必须的物品的存放。餐饮门店的物品有哪些？这个数量庞大——一系列的工具、设备、食材等都属于物品的范畴。在物品的存放环节，要看每个部门的工具是否都处于一个高效的状态，看设备的产值是否做到了最大化，看食材的运用是否达到了极致，没有任何的浪费。

第四，是环境产值的存放。环境产值是可以增值的，餐饮门店要评估每一个部门的平效：有没有出现主人住客房、保姆住主卧的情况？我们并不是强调这种级别上的差异化对待，而是要追求匹配的合理性。

最后，是工作时的流程存放。一个顺畅、有效的流程是以上环节合理、高效运转的关键。因此门店的管理者需要定期对生产服务的流程进行检讨，找到机会点进行及时的优化、改善。

综上所述，合理的存放能够带来资源的增值。餐饮门店在落实的过程中，需要做好以销定产、以产定人、以人定物和以物定环。

2.1 以销定产

产品结构是指一家餐厅所有菜品的构成情况。

中国餐饮有着多年的文化积累，慢慢形成了不同风格的各大菜系，也形成了越来越多的、代表不同文化的地方特色。在这样一个餐饮业态细分的时代，涌现了越来越多的专业化餐厅。一些大而全的传统中餐厅则遇到了发展瓶颈。因此，在餐饮企业模式设计的过程中，做出合理的产品结构定位尤为关键，这将会决定企业未来的赢利能力。

餐饮企业的产品一个重要的构成是各种不同的菜系组合情况。尤其是在二线、三线城市的餐饮市场，由于消费者的需求尚未达到一线城市的需求，很多时候这些地方的消费者在用餐的时候依然强调面子，讲究的是菜品越多越好。于是，这些餐厅的菜单上会有川菜水煮鱼，湘菜剁椒鱼头，杭帮菜龙井虾仁，也有徽菜臭鳜鱼，还有西式牛排，可谓“集各大菜系之特色”，应有尽有。然而，这样的产品结构，其实存在很大的问题。首先，人员管理难度大，需要聘请不同菜系、不同领域的专业厨师。其次，因为出品的种类繁多，对原材料、调料等的需求也大，会导致门店的库存大。此外，还需要各种各样的设备。当然，这种情况对厨房的空间需求也大。从这个角度出发，企业要综合地进行成本、自身的营运能力和顾客需求的评估，并持续对各类产品进行评估，确保各大类的产品都能为企业贡献最大的价值。经营业态的专业细分是近年来的趋势，餐饮企业需要在这样的趋势下集中资源做好一个领域的深耕，根扎得越深，才越能枝繁叶茂。

谈到产品结构，还有一个重要的构成是食材，比如，有以蛙为主打的，有以肉为主打的，有以螃蟹为主打的。这个也是企业需要进行思考和取舍的。什么都擅长代表什么都不专业，各个环节都有可能存在很多管理上的问题。然而，如果产品过于单一则又有着很大的经营风险，比如，禽流感爆发的时候，很多以鸡为主要食材的餐厅相继关门；牛出现问题的时候，又有很多以牛为主要食材的餐厅出现门可罗雀的情况。

随着餐饮文化的不断沉淀与丰富，今天的消费者也越来越懂得饮食丰富，知道一餐饭要有冷菜、汤、热菜、主食、点心、糖水等。冷菜又分为烧腊、卤水等，汤又分老火汤、炖汤等，主食里有饭、面等。于是，很多餐厅为了部分客户的需求，设计了烧腊房，请了烧腊厨师，购买了烧腊用的设备，然而每天的出品却仅是几份而已，这样的设置也是非常不合理的。对于这种情况，企业需要评估：如果要做这一块，在满足自己需求的情况下，能否再做更多的代加工；如果不做这一块，能否寻找到其他单位为自己配半成品。

除此之外，还有一个重要的产品构成，是将所有的产品分为招牌菜、诱客菜、赢利菜和季节菜。招牌菜是一个餐饮品牌的产品代表，能够让消费者一提到这个产品就想到这家企业，一提到这家企业就会想到这个产品。比如，提到烤鸭，很多人就会想到“全聚德”，提到“全聚德”，很多人都会想到烤鸭。这需要时间的积累。企业在打造招牌菜的过程中，切忌随意更换，要保持始终如一。诱客菜，顾名思义，是用来诱惑客人、吸引客人的菜品。通常企业可以凭借独特的资源进行诱客菜的开发，或者完全不考虑赢利进行定价，这些都能给客人一个无法抗拒的用餐理由。“外婆家”的麻辣豆腐就是非常成功的诱客菜。赢利菜，最主要的功能在于为企业创造利润。赢利菜一定要能够做到成本结构稳定，品质稳定。为了让客人有新鲜感，愿意再次消费。企业在做好常规性的菜品外，还需要按季节开发时令性的产品，这就是季节菜。季节菜讲究的是时令性，要及时上架，过了时间要及时下架。

综上所述，产品有着不同的构成模式，这是每一家餐厅在开业前需要规划，在营业中需要灵活进行优化的事情。结合源全 5S 的现场管理，我们需要做的是评估构成产品的每一个单位和人员、设备、空间等各项资源之间的关系，一旦发现有不合理的地方，需要立刻做出改善的计划。除此之外，在门店现场环境管理的过程中，还可以通过对每个单位销售目标的可视化，运用环境会说话的力量，让每个员工时时刻刻关注目标达成的进度，以此保障产品结构的价值最大化。

2.2 以产定人

人员是餐厅非常重要的资源，是构成餐厅主要成本的重要板块。在1S 整理中，从资源增值的角度出发，已经通过前置的定编、定岗和定位的实施，将门店的人员进行优化，确保餐厅的人员都是必须的人员，没有多余的。

对于这些必须的人员，如何做好“存放”呢?

2.2.1 必须的架构图

餐厅里所有的必须人员都应明确自己所处的部门，知道自己的上级和下属分别是谁，知道自己的产值是多少、自己所工作的环境产值是多少，因此这里也需要一张必须的架构图以做到可视化管理。

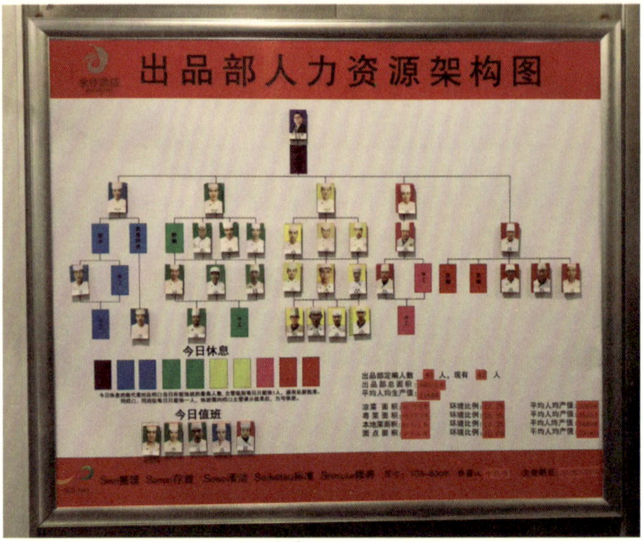

图 3–1

图 3–1 是某酒店出品部人力资源架构图，张贴在餐厅的员工休息区域，非常醒目。这张图中有大量的信息，能够灵活性的做人员的动态调整，非常好地做到了可视化管理。在图中，出品总人数一目了然；从左至右，分为凉菜、热菜、点心等部门，每个部门使用不同的颜色划边框；从上至下依次是厨师长、主管、组长、员工，每一层都是一个职级；所有员工的名字下面配上照片，使得人与人之间的交流互动更加顺畅；每天休息人员的信息也集中体现在图的左下方，便于管理者了解人员动向；图中还有一个亮点是把不同岗位的面积占比、人员占比和产值做了数据的可视化，便于管理者及时了解差异，做出改善的行动计划。

人均产值是餐厅管理中的一个重要指标，能够反映出人员存在是否合理。

月度人均产值 = 月度营业额 / 月度员工人数（企业可以根据自己的需求细化核算出前厅的人均产值、出品人均产值和整体人均产值）

餐饮企业由于经营的业态、人均消费、经营模式有着丰富的多样性，因此对于人均产值没有一个绝对的标准供企业参考，每家企业都需要进行合理的财务核算。

2.2.2 只有功能，没有岗位

在传统的餐厅组织架构图中，人员的安排都是采取“一人一岗”的模式，部门与部门之间、岗位与岗位之间都区分得一清二楚，大家各自做好份内的事情。

面对人力成本的压力，我们会要求源全 5S 的会员单位打破传统的模式，做到一人多岗，合理实施门店里的兼岗，实现“只有功能，没有岗位”的目标。

如表 3–1 唐宫案例所示，把每个岗位的人员什么时候、如何到其他岗位进行兼岗做了一个罗列。比如，对于人事、工程、财务之类的后勤支持岗位，过去都是每家门店安排一个人，现在采取的是“3 管 4”的模式，即 3 个人负责 4 家门店；比如，安排海鲜部的员工在节假日的中午 12–13 点的营运高峰时段到传菜部帮忙传菜；又比如，在海鲜部的员工休息日，安排水台的员工进行全天的定岗。

部门	忙场时间段	兼岗时间段	工作内容
海鲜（中厨）	11:00-13:30 17:30-20:00	13:30-14:00 20:00-21:00	水台切配菜
水台（中厨）	11:00-13:30 17:30-20:00 海鲜员休息时顶岗海鲜池		海鲜
砧板（中厨）	9:00-12:30 17:30-19:00	12:30-13:30 19:00-20:30	打荷看单分菜
打荷（中厨）	11:00-14:00 17:30-21:00 乳鸽档同事休息时打荷同事去顶		乳鸽档
洗菜（中厨）	9:00-14:00	17:30-20:00	打荷
馅档（中厨）	肠粉档同事休息时由馅档同事去顶		肠粉档
烧味师傅	凉菜同事休息由烧味师傅去顶		顶凉菜档

表 3–1

在进行必须的人员存放时，餐厅里的每个人员首先必须要有明确的本职工作职责，知道自己的本职工作是什么，即第一岗位职责是什么；此外，每个人还需要清楚自己第二岗位职责的具体描述（如表 3–2）。

岗位		主要职责（随手清洁是每位员工的基本职责）	第二职责
生产区	拉面	根据小票为顾客下面，确保速度（出面最长不超过 3 分钟）；保持拉面台区域清洁，按公司规定调汤。	提前备好面辑子（繁忙时段保持 6 个以上）；协助打面。
	打面	根据需求量打面，确保面筋道，保持打面台区域清洁。	协助出面；完成每日固定清洁工作。
	出面	捞面；保持煮面灶、温汤灶、调理台、货架清洁，补充物料及汤、餐具。	协助凉菜备货。

表 3–2

生产区	凉菜	根据需求量配备凉菜半成品；保持凉菜间清洁；按规定消毒。	协助出面；完成每日固定清洁工作。
	三炒	根据需求量配备炒面菜半成品；保持灶具清洁；冰柜整理及清洁。	协助配菜；确保切配好的半成品的食品安全，追踪半成品损耗。
	配菜	根据需求量配备半成品；保持三炒间清洁有序；按规定丢弃过期的产品。	协助初加工；完成每日固定清洁工作。
	初加工	根据需求量加工半成品；保持加工间清洁有序；提高半成品出成率。	协助传餐员出餐；完成每日固定清洁工作。
服务区	收银员	为顾客点餐，执行公司促销活动；补充物料（纸巾、外卖用品、餐具）。	帮助前厅服务员收餐具，维护发票机，播放音响。
	服务员	为顾客提供帮助，传餐；收餐具，清洁桌椅地面；补充清洁的餐具。	在没有点餐员时，充当点餐员；完成每日固定清洁工作。
	点餐员	当排队顾客超过 3 人以上，必须增加点餐人员，一般由主管担任。	维护排队秩序；根据后上先下原则，排队少于 3 人，即可离开。
	备餐员	根据小票为顾客备餐（凉菜、饮料）；保持柜台区域清洁，补充物料。	帮助前厅服务员收餐具，擦餐具；完成每日固定清洁工作。
	划单员	为传餐员分餐，检查出品品质，与生产区沟通；一般由厨师长担任。	补充传餐台物料，确保传餐台清洁；协调服务、生产员工岗位。

表 3–2（续表）

在进行第二岗位的安排时，通常首先需要考虑工作的相关性。比如，收银员的岗位安排服务员兼岗就比安排洗碗工要合理；其次，做到实际兼岗时需要先保证自己的本职工作做好，在做好本职岗位和个人的清洁卫生工作之后，换好工作服再到第二岗位；最后，实施兼岗的重要前置工作是做好通岗的培训和合理化的薪酬方案。

动动手：尝试做出您企业的第二职责一览表。

2.2.3 人员走向图

合理的动线规划、人员走向图也是做好必须的人员存放的一个重要管理图。人员走向图是指通过可视化的方式，规划好营运过程中每一名员工所处的位置、服务工作的辐射半径，如图 3–2 所示：

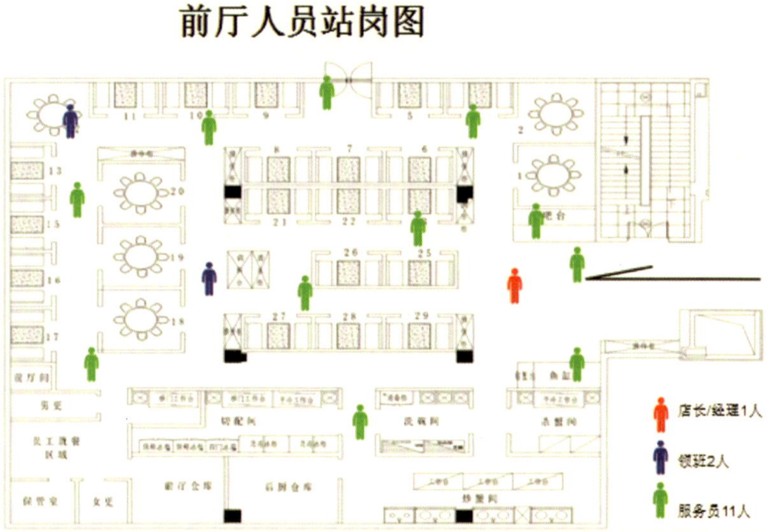

图 3–2

这家门店非常大，面积大概为 5000 平方米左右。他们设计了一个楼面人员走向图，经过统一的规划后，在整个大厅、包房和走道各安排一名员工的站位点，明确规定一个服务员需要服务几桌，需要服务多少个客人。

由图 3–2 中可以看到：一个大厅服务员需要服务 4~5 桌的四人台，这是目前中餐厅比较普通的配置。在香港的餐厅通常要做到一名服务员对 30 个座位。还有一些餐厅是按照小时工作量进行核算的，比如，麦当劳就规划一名员工每小时服务 9 个客人，呷哺呷哺规划一名员工每小时要服务 11 个客人。

在进行人员走向图规划的时候，需要考虑新老员工如何间隔搭配，确保运营过程中的平衡；需要思考如何能够进行合理的工作设计，方便员工开展第二职责的工作；还需要做好管理人员的值班路线规划等。

2.3 以人定物

物品是“存放”里的一个重点，下文会有一系列的经验与方法介绍给大家。我们这里重点谈如何做好相关必须食材的存放。

首先，每个岗位要根据实际生产的需求把所需的食材和调料等摆放在工作区域，做到多层空间的合理规划与使用，做到厨师不走路即能取到所需食材和调料等。第二，要考虑安全健康，所有的食材要做到离地摆放，避免交叉污染，如何做到没有水等。第三，还要考虑操作的方便性和成本控制，做到按单位存放。

金帝酒店的要求是：所有的原材料都按份分好，而且配有标签。所有的原材料准备量都必须符合当天的预估营业额。比如他们根据当天的预估营业额和万元用量预估当天销售 30 个炖品，于是就全部一份一份地分好，所有的食材有名有家有标签。原材料做到了量化管理，每一份都做到和标准上下差额不超过 3 克。从食品安全的角度出发，所有的调料缸都有盖，每一份食材都有盖子或者使用了保鲜膜覆盖，避免串味；生熟分开避免交叉污染。所有的食材都有存放的地方，工作台不是家，不能什么东西都往上放。此外，摆放蔬菜的架子做到“两个斜”（前后倾斜，左右倾斜），有效地控水。厨房空间的整体布局也做到了确保员工不必拿着洗好的菜乱走，不同的部门之间通过窗口进行菜品传送（如图 3–3）。

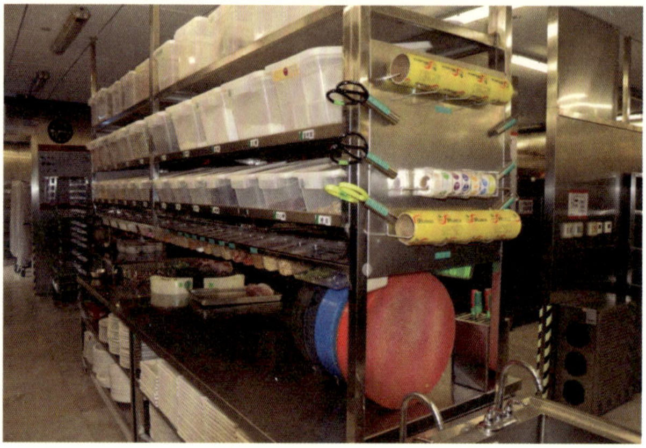

图 3–3

有一点值得注意的是，过量使用保鲜膜，一方面不环保，另一方面高温操作时会有安全隐患，建议餐厅采用能够替代保鲜膜的收藏盒。

2.3.1 必须的生产仪器

对于餐厅里的生产设备、生产仪器的存放管理，重要的是要有明确的产能产值评估。比如，每个炉头几分钟可以炒一个菜，一天可以炒多少菜，炒多少菜的时候能够达到产能产值的最大化。在唐宫的中央工厂有很多生产设备、仪器，他们经过统计做出了表 3–3：

<table>
<tr><td rowspan="2">序</td><td rowspan="2">仪器（名称）</td><td rowspan="2">单位</td><td>机械每小时产能</td><td rowspan="2">机械的满负荷时间（小时）</td><td rowspan="2">机械的实际运行时间（小时）</td><td rowspan="2">产品单价（平均值）</td><td>每日产量</td><td>每日产值（元）</td><td>落差</td></tr>
<tr><td>固定功率</td><td>（实际生产量）</td><td>单价 * 产量</td><td>每日产能 - 每日产量</td></tr>
<tr><td>1</td><td>年糕灌装机</td><td>条</td><td>400</td><td>8</td><td>5</td><td>15</td><td>2,000</td><td>30,000</td><td>1,200</td></tr>
<tr><td>2</td><td>高压灭菌锅</td><td>只</td><td>500</td><td>10</td><td>4</td><td>18</td><td>2,000</td><td>36,000</td><td>3,000</td></tr>
<tr><td>3</td><td>月饼成型机</td><td>只</td><td>2250</td><td>10</td><td>5.3</td><td>10</td><td>12,000</td><td>120,000</td><td>10,500</td></tr>
<tr><td>4</td><td>月饼包装机器</td><td>只</td><td>3000</td><td>8</td><td>4</td><td>10</td><td>12,000</td><td>120,000</td><td>12,000</td></tr>
<tr><td>5</td><td>夹层锅</td><td>kg</td><td>300</td><td>8</td><td>4</td><td>30</td><td>1,200</td><td>36,000</td><td>1,200</td></tr>
</table>

表 3–3

以月饼成型机为例，做出来的单位是一只一只的月饼。该机器每小时能做 2250 只月饼，每天可以连续开动 10 个小时，每日的额定产量为 22500 只月饼，每只月饼出厂价 10 元，能为工厂贡献 22 万元的收益。然而，他们的生意没有这么好，现在每天只需开机 5.3 个小时，每天的时间产量仅为 12000 只月饼，实际产值仅为 12 万元。这台月饼成型机每日的实际产量和额定产量之间存在着 10500 只月饼的差距。

这种情况下该怎么办呢？没有达到有效的效率就是资源上的浪费。怎么才能做到资源增值呢？这正是源全 5S 研究的精髓所在——看商机在哪里。最后，唐宫采用了源全 5S 系统的方法，做出了改良方案：帮助其他餐饮企业做 OEM 代工。

湖南长沙的徐记海鲜，也是采用这种方法核算出他们的烧鹅机实际产量很低，还有很大的增值空间。于是，他们就在满足餐厅堂吃的基础上，研发了外卖业务，从而使烧鹅机的产能、产量最大化。

动动手：采用上述方法，对您门店的生产仪器进行统计分析，制定优化方案。

2.4 以物定环

环境面积是餐厅的宝贵资源之一，每个部门都要设定环境产值的目标（该部门所创造营业额 / 该部门的面积大小）。

		餐厅面积						
	项目	800（平方米）	1000（平方米）	1200（平方米）	1500（平方米）	1800（平方米）	2000（平方米）	2500（平方米）
5	厨房面积	176	213	255	304	347	370	440
6	洗碗间面积	23	25	30	38	45	45	55
7	仓库面积	12	12	15	18	22	25	30
	面积小计	211	250	300	360	414	440	525
	面积占总面积比例	26%	25%	25%	25%	25%	25%	25%

表 3–4

表 3–4 是 2015 年，唐宫集团针对于不同规模的餐厅，做的一份详细的相关区域所占用环境的规模标准。比如，800 平方米大小的餐厅，厨房面积为 176 平方米，洗碗间不超过 23 平方米，仓库为 12 平方米，整个厨房区域的面积为 211 平方米，占总面积的比例为 26%。基本上，唐宫集团都是将厨房的面积控制在占餐厅总面积的 20%~26%。在源全 5S 系

统中，我们会通过各种方法，将厨房面积控制在占总面积的 20% 左右。

另外一个研究的重点是：餐厅里的餐桌通常有着 2 人桌、4 人桌、8 人桌等不同的大小之分，很多门店在设计时，座位的规划是根据场地进行排布，没有考虑现有门店的真实上坐比例。这样的做法会造成很多餐厅大门口坐着很多的等位客人，而室内 4 人桌永远坐着 2 个人，8 人桌永远做着 5 个人，大量的餐位被浪费了。

表 3–5 为成都烤匠的一个思考过程，通过数据的统计分析，他们发现以下几桌。

	人数	人均 / 午	营业额占比 / 午	人均 / 晚	营业额占比 / 晚	
二人桌 x4	2 人	70 元	38.69%	87 元	42.47%	
40.83	3 人	55 元	17.81%	70 元	19.28%	38.64
四人桌 x25	4 人	50 元	23.02%	65 元	19.36%	
12.25	5 人	43 元	7.69%	65 元	8.13%	11.9
六人桌 x7	6 人	45 元	4.56%	56 元	3.37%	
6.74	7 人	30 元	2.51%	56 元	1.58%	
八人桌 x2	8 人	51 元	3.21%	58 元	2.71%	5.29

表 3–5

（1）人均消费金额是随着客人的增加而降低，这是因为 2 个人点一份烤鱼，4 个客人还只是一份烤鱼。他们 2 人桌晚市人均做到 87 元，而 8 人桌仅仅为 58 元。

（2）实际的门店营运，2 人来用餐的客人最多，中午达到 38.67%，晚上达到了 42.47%。

（3）实际门店每天很多客人等位，通过观察发现等位的客人，2 人的流失率大于 4 人和 8 人的。

以上的数据，给到了他们一个启发，通过把大桌子改成小桌子（小桌子可以并成一个大桌子），大大提升了营运效率。

动动手：做出您企业的环境产值。

2.5 同心圆工具解析

正如前文所说，存放是指以营业额为目标，去存放合理的产品结构、人员、物品和环境结构，即要做到以销定产、以产定人、以人定物和以物定环。我们应当如何进行分析？以图 3–4 长沙徐记海鲜的案例为例。

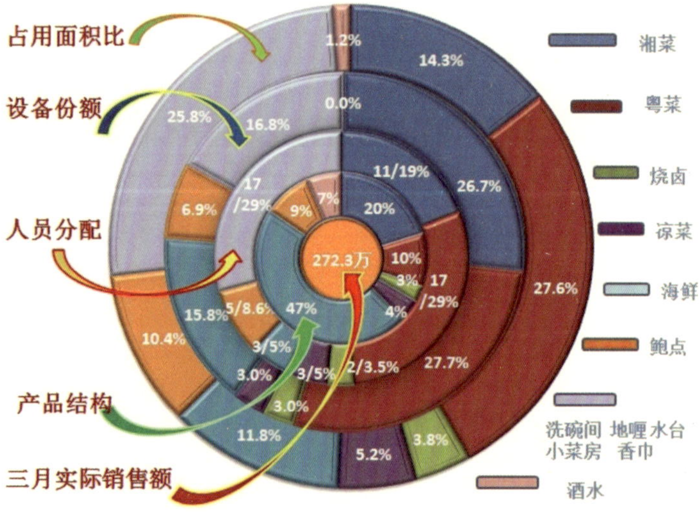

图 3–4

不同的颜色代表不同的档口 / 部门，参考图 3–4 最右边图示，蓝色为湘菜，红色为粤菜等；图形中每一层代表不同的意义；参考上图的最左边图示，最内圈为餐厅月度营业额，最外圈为每个档口 / 部门所占用的面积等。

这个图分析的过程如下。

第一步：画出 6 个同心圆圈，把中间的圆圈作为月度营业额，比如图中的 272.3 万就是餐厅 3 月份的实际营业额。

第二步：从月度“损益表”中，找出各个档口 3 月份贡献的营业额分别为多少，核算出每个档口的营业额分别占总营业额的比例是多少。根据核算的各档口营业额占比，在倒数第二圈的图上进行分配，并标上相对应的颜色。如图 3–4 所示，湘菜的营业额占比为 20%，粤菜的营业额占比为 10%；海鲜的营业额占比为 47%。

第三步：统计每个部门的工作人员数量，计算出每个部门的人力成本总额，然后分析每个部门的人力成本占门店总人员成本的比例，将以上的数值在图中的倒数第三圈进行分配、标记，保持与之前的颜色分类统一。比如，从图中可以看出：湘菜档口的用人数量为 11 个，人力成本占总人力成本的比例为 19%；粤菜档口的用人数量为 17 个，人力成本占总人力成本的比例为 29%。

第四步：进行物的份额统计，物包含了部门所有的设备、工具、原材料的总和。方法和上面的步骤一样，统计每个部门使用的所有物的总金额，核算每个部门的数额在总额中的占比，然后在图中的倒数第四圈进行分配、标记。比如，从图 3–4 可以看出：湘菜的物的份额为 26.7%，粤菜为 27.7%。

第五步：分析环境面积的占比，测算出每个部门所占用的环境面积大小，核算出每个部门的面积占整体面积的百分比，在最外一圈中进行分配、标记。比如，从图中可以看出：湘菜的环境面积占比为 14.3%，粤菜的环境面积占比为 27.6% 等。

第六步：综合分析。通过上述 5 个步骤完成结构图，从图中可以看出营业额、人员、物料和环境的关系。比如，湘菜的营业额占比为 20%，用了 11 个人，11 个人的人力成本占总人力成本的 19%，这个数据是合理的；然而，物料板块为 26.7%。这个时候我们就要反思原材料是不是哪里出现了问题，为什么会多于湘菜的营业额占比，找出问题的根源，然后做出行动计划；最后看环境面积，湘菜的环境面积占比为 14.3%，这说明环境产值做到了最大化。

这就是以销定产、以产定人、以人定物、以物定环的分析过程，从中可以看出，每个部门的用人、用物和占用的面积是否符合营业额。徐记海鲜在分析的过程中发现粤菜和海鲜存在着很大的问题，各项资源都存在着不合理之处。于是他们做出了一个优化，将粤菜和海鲜档口进行了合并，合并之后重新安排人员、统筹设备、规划合并后的空间。从图中可以看出，粤菜加海鲜的营业额占比合起来为 57%，所用人力成本是 29%+15.8% = 44.8% 的工资，原材料 27%+15.8%，总占比为 46%，环境 27%+11%，总占比为 38%。这样调整之后，粤菜和海鲜就非常合理了。

企业在做结构分析的时候，目标是做到所有人员、物料和面积的占比分布和营业额的占比保持一致，结构图从内到外呈现均匀的分布状态。

动动手：根据以上的步骤，在下列的模板中画出您的一家门店的结构图，并分析出机会点。

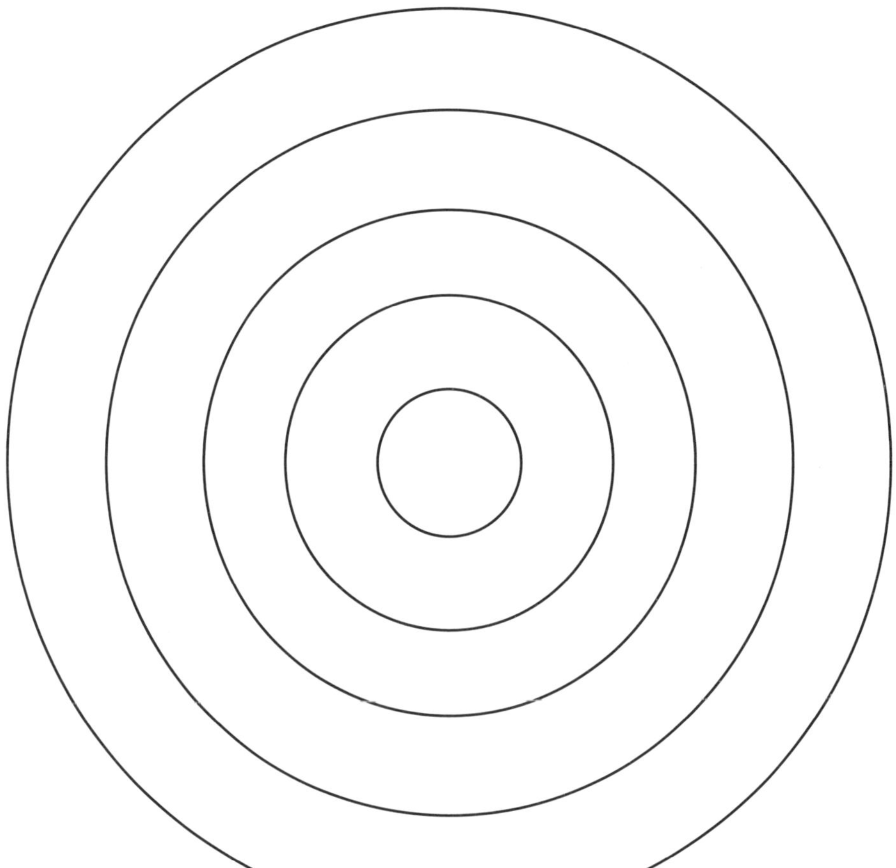

图 3-5

3. 存放——安全健康

3.1 存放的 16 字步骤

从安全健康的角度，存放的重点就是收纳，也就是有条理地储存和放置物品。每个物品都有专属的位置，这个位置的定位要考虑物品使用的频率及先后顺序， 建立物品识别系统，保证员工能够轻松取放常用物品，避免出现因寻找而产生的时间浪费。

合理的物品存放，是 5S 的基本功。存放的对象是餐厅营运过程中必需的设备、物品、工具等。存放的过程即是对这些物品进行使用频率高、中、低的分类，然后再存放到相对应的地方。存放的同时还需要明确最高和最低的存量，并明确负责人。为了保障营运时的工作效率，不会因员工找不到东西而耽误时间，存放还需要有颜色、标签等识别方法。

做好存放有 4 个重要的步骤，分别为**分析现状、物品归类、存储方法和切实执行**。

分析现状：分析餐厅的营业额、目前的营运模式、工作流程等，这样的分析过程，综合性地了解现场运作的真实情况，找到各个流程之间的配合与先后关系，分析每个物品、设备的使用情况，了解每个人的工作职责分工。

物品归类：包含部门与部门之间的物品归类，公司与个人之间的物品归类，贵重物品与普通物品的归类，使用频率高、中、低的物品归类，使用顺序的先后分类，危险系数的分类等。物品归类的目的在于决定存放的地点和存放的方法。比如，对于使用频率高的物品应该随身携带或保证随手可触，使用频率中等的物品应该放在部门的公共区域，使用频率低的物品则可以放在仓库或其他隐蔽的地方。

存储方法：存放的目标是为了资源增值和安全健康，同时兼顾效率和美观。存放的方法有很多，比如，从上而下，打横单一；直柜横取，横柜直取；先进先出，鲜进先出；保质期；单位存放法，提取物品的方法等，下文将一一讲解。存放的容器也很关键，比如，从食品安全的角度考虑，鸡蛋不能使用纸质的架子，要用塑料架子。

切实执行：这一点是关键，没有执行一切等于零。在 5S 修养一章中，我们将会解析如何营造让所有员工都能积极做好源全 5S 的团队文化氛围。

3.1.1 平面图

此处的平面图，指的是物品的收纳总平面图。在我做企业辅导时，经常都会看到企业存在这样的问题，我会打开很多的柜子，看到里面有很多的工具、用具，就问店长这些工具的数量与生命期，出乎意料的是店长说不知道里面有这些物品，最后能在餐厅里找到很多的用不上的物品，有的可以再用，有的却失去了使用价值。这个问题虽然不是很大，但却是管理中的疏忽与不足。

收纳总平面图，就是在门店基本平面图的基础上，把所有的收纳空间进行标注，把每个空间所收纳的物品画得清清楚楚，这样的好处就是让所有的员工一目了然，明确所有的物品应该存到哪里，也知道所有的物品该从哪里拿。

3.1.2 分区负责人

源全管理系统的核心是有效的管理，有效的管理离不开人。确定每个区域的负责人是做好物品存放、环境管理的关键。任何好的设计、计划和规划都需要专人负责执行和监督。

源全管理系统要求门店根据功能进行区域的划分，每个区域都要有专人负责。

分区的负责人需要在每天管理的过程中检查区域内各项物品的存放是否符合标准，存放的方法有无问题，存放区域的清洁卫生是否规范，温度和湿度是否符合标准，区域内的“一套工具”是否每天晚上都能回到各自的“家”……确保餐厅持续地做好存放。懒惰是人性的弱点之一，假如没有人追踪、没有人检查，就会出现保持难的问题。

分区负责人是小区域的源全5S执行管理者，有以下4项重要职责（以凉菜部的负责人为例）。

（1）标准制定：了解每月生产目标，调整凉菜的产品架构；根据环境管理的要求，制定凉菜间的管理标准，如何备货，如何生产，如何清洁等；制定凉菜间颜色管理的具体落地方案等。

（2）技能培训：把上面的细节标准内容，培训传达给凉菜部的所有人员，让每一个伙伴熟悉上面的标准及操作要求。

（3）分工落实：有了培训之后，制定凉菜部的源全 5S 落地或维持计划，明确 A 员工只要负责冰箱的管理，B 员工负责所有的物品收纳等。

（4）追踪检查：根据落地的计划，进行各项工作的检查，评估部门每一个伙伴的相关工作完成情况。并把检查的结果反馈给公司，寻求更多的支持，也争取给予优秀伙伴的激励。

3.1.3 一天工作计划

说到人员的存放，最重要的是要让每个人都知道什么时候该做什么事情。如何做到这一点？最简单有效的方法是罗列出每个岗位的工作任务清单，即岗位的一天工作计划（如表 3-6）。餐厅的管理者能根据一天的计划首先了解每个员工应该在哪里，在做什么事情，然后再通过实际的巡查进行对比，找到提升的机会点。

每日例行工作—厨房		
工作性质	时间	工作内容
固定工作	9:30-11:00	1. 查看内部网站（或大众点评）及公司电邮，清查当日考勤，检查员到岗情况
		2. 餐前检查厨房卫生及设备设施（使用黄卡、绿卡、蓝卡检查），协助餐厅加工
		3. 处理前一天工作中出现的问题，列今日工作计划
		4. 了解中午订餐、新员、备货和估清菜品情况
	11:20-11:30	1. 午市前检查各岗位餐前预制及餐前试味
		2. 检查遗漏的餐前预制工作，与楼面沟通做好迎接客人的准备
	11:30-15:00	1. 协调服务，带着员工与楼面积极沟通控制上菜速度与菜肴反馈，依据应急预案处理突发性事件
		2. 保持高敏感度，巡场关注员工的操作流程是否保持高品质，做好 1 分钟反馈，依据应急预案处理突发性事件
		3. 协助楼面做好服务体验，四大招牌菜的体验品尝
		4. 根据每周计划有效完成一天一菜的训练并做回馈
		5. 与厨房部管理层总结中午工作状况
	16:30	1. 餐前检查厨房卫生及设备设施（使用绿卡、蓝卡检查），协助餐厅加工
	17:00	1. 晚市班前会
	17:15-17:25	1. 总结午市客人的菜品反馈，定出注意事项与落实项目，做好充分迎接客人
	17:25	1. 检查各岗位餐前预制及餐前试味
	17:30-21:30	1. 协调服务，带着员工与楼面积极沟通控制上菜速度与菜肴反馈，依据应急预案处理突发性事件
		2. 保持高敏感度，巡场关注员工的操作流程是否保持高品质，做好 1 分钟反馈，依据应急预案处理突发性事件
		3. 协助楼面做好服务体验，四大招牌菜的体验品尝
	下班前	1. 组织门店各岗位环境卫生与食品安全系统互查，作为明天的会议内容进行整改
		2. 总结当天厨房工作状况并处理，向门店经理相互沟通
		3. 了解明天订位情况与客数目标，检查厨房备货情况并指导
		4. 检查退单情况，分析原因，并制定明天改进计划
		5. 查看公司内部网站
		6. 对当天的 PK 进行总结，微信通报公布当日最佳员工，并定出明天 PK 项目

表 3–6

一天工作计划需要清楚地列明该岗位几点开始上班，几点下班，上班期间每个时间段的工作内容分别是什么，有哪些准备工作，有哪些清洁的工作任务等。做到环境会说话，让每个人都知道自己上班期间什么时候该做什么事情。

为了确保员工能够在规定的时间内更有效率地完成指定的工作，在制定岗位的一天工作计划时，除了要罗列每个时间段的工作内容之外，还要把完成相关工作所需的工具、资料、对接人等信息也补充进去。如表 3–7 所示。

时间	事项	备注
6:00	到达餐厅，安全检查，执行早餐前准备程序	值班检查表
	员工岗位安排	每日班表
	开启空调，关闭外围灯箱（冬季天亮后）	设备开启计划表
	检查冷冻 / 冷藏冰柜货品码放是否正确，且先进先出	
	检查产品、人员、物料管理 --- 夜班出品质量及备货情况	值班留言本
	品尝早餐全产品，根据口味给予回馈，对不符合要求的产品及时修正	QSC 评估表
	阅读营运报告，了解前日营业额状况	营运报告
	阅读经理留言本确定待办事项 / 预估本班次营业额	值班留言本
	填写交接纪录，核对银行现金票根和前一晚结算	值班留言本
6:20	追踪服务区早餐售卖准备工作 --- 利用值班检查表	值班检查表
	检查收银机上产品广告牌、产品照片灯箱、菜单条和相关的餐盘垫纸等	
	根据岗位指南安排员工岗位	每日班表
	检查大堂桌椅、卫生间和整体细部清洁	QSC 评估表
	放置消毒抹布、墩布、消毒喷瓶	
	检查可乐 / 二氧化碳瓶	值班检查表

表 3–7

6:30	追踪厨房早餐产品准备工作 --- 利用值班前检查表	每日班表
	追踪库房、洗碗间货品码放及清洁情况 --- 利用值班前检查表	值班检查表
	记录水表、电表、燃气表读数	值班检查表
6:45	进行食品安全检查	食品安全检查表
6:50	检查员工待办事项的完成情况	待办单
	炸制产品——油条（根据叫制表）	叫制表
	检查馄饨半成品存量，不低于 10 份	每日生产计划表
	打开所有灯、空调二、三和卫生间排风	设备开启计划表

表 3–7（续表）

3.2 存放的方法

存放的方法，是指物品具体的收纳规则与技巧。餐厅里的物品有大有小，收纳的空间也规则不一，于是就会有不同的存放方法，如从上而下，打横单一；横柜直取，直柜横取；先进先出等。

3.2.1 存放方法——从上而下，打横单一

从上而下，打横单一，这个方法来自日本。日本人认为一个物品是否美丽取决于它的整洁度。当人们到某个地方，5 米开外就能对这个地方是否美丽、整洁有个初步判断。通常，最前面、最上面是人们最容易关注到的地方，因此，这些地方是否整齐、美观将会影响整体区域的整洁和美观。

图 3-6

具体来讲，从上而下，是指在层架上存放物品时，要从上往下，一层一层地进行摆放，避免上下随意摆放，以确保不影响到环境的整体美观度。最上一层应摆放使用频率中低的物品，目的在于确保整齐，同时也方便员工的工作。打横单一，是指层架中每一层的物品要尽量做到品类一致，如品类不同，则需保持高度一致。避免同层中的物品高低交叉摆放，否则看起来尤为混乱。

餐厅的收银台是员工与顾客交流的重要地方，也是餐厅做好销售、提升营业额的绝佳地点。因此，很多餐厅的收银台后面摆放着一个放酒水的冷藏柜，里面是各种酒水、饮料、水果等。但有些餐厅，因为员工太忙，或者没有这方面的意识，酒水柜中的物品摆放凌乱。凌乱的物品摆放会给顾客不好的感觉，同时，也有可能让他们产生错觉，认为这些酒水品质不高，无法引起他们的任何消费欲望。从上而下的思维，使得人的注意力第一时间通常会关注上面的地方，因此酒水柜、水果柜，应该在上面摆放最贵的产品，或者是相关的广告宣传品，让客人第一眼看见，增加购买的可能性。

运用从上而下、打横单一的方法，可以让冷藏柜中的物品摆放整齐。摆放酒水时，从上往下一层一层地摆放，瓶装啤酒摆放一层，酸奶放下一层，罐装啤酒再下一层，每一层摆放的物品高度都相同，这样摆出来的物品会非常整齐。营运过程中，还要注意前排始终不能断货，否则客人看到空空的酒水柜，不会产生任何消费欲望。从销售业绩的角度考虑，应把利润高的商品放在最上面一层，确保客人第一眼就能看到，诸如矿泉水这类利润较低的商品放在底层即可。

3.2.2 存放的方法——直柜横取

直柜横取，是指对环境中那些竖向的层架、冰箱中的物品进行存取时，所有的物品必须横向存放在上面，使用的时候横向取出来。

书柜是家中、公司里常见的家具。书柜就是竖向立在地面上的一个层架，从上往下分成一层一层的，在摆放书的时候应该把书一本一本地立在架子上，通过书脊即可以看到所有存放的书，用的时候从里面横向抽出即可。如果把书横过来堆放在架子上，拿取的时候会非常费力。

在餐饮业我们常看到这样的问题，冰箱里面的隔板太少，导致冰箱里面叠放了很多食材。如果需要用到最下面的食材，会非常麻烦，需要把放置在上面的食材清理掉才能拿出来。与此同时，由于太多的东西堆在冰箱里，中间的食材因为缺少冷气，会导致食品变质。很多餐饮企业仓库里的货架上也经常堆放着各种杂物，久而久之，员工根本不知道里面有哪些物品。另外，这种存取方法也会给拿取物品带来麻烦。

正确的冰箱物品存放如图 3–7。

图 3–7

小知识：冰箱的管理要点

1. 冰箱的外面有看板，标明冰箱存放的食材品种、库存量、责任人、清洁标准等。

2. 冰箱的内部实际温度与看板的对应温度标准保持一致。

3. 按照计划按时完成冰箱的清洁消毒，确保冰箱内部、压缩机过滤网干净。

4. 定期做保养，确保门封完好无缺，确保压缩机的皮带不出现松弛。

5. 冰柜里所有的东西全部用保险盒盛放，以防串味。

6. 所有的物品存放做到“名上有家”“家上有名”，标签完好无缺，符合看板的存档总表。

7. 冰箱内的物品不能出现叠放，以避免出现食品安全隐患。

8. 空间利用率达到 80%，有足够的层架进行分层。

9. 内部挂有活性炭包，吸附冰箱内的食材味道。活性炭每个月要拿出来用水冲洗一下，再置于阳光下晒干后重复再用。

3.2.3 存放的方法——横柜直取

什么是横柜？例如，餐厅里的卧柜冰箱、抽屉等，在这些区域存放物品的时候，要将它们分成一格一格的，将物品存放在每一个格子中，做到一目了然，拿取的时候也方便。

每家都有抽屉，用来放衣服。每次我们拉开抽屉拿衣服的时候，总是只能看到上面的两件衣服。其他的衣服都被最上面的两件盖住。由于根本不知道里面有多少衣服，找的时候就需要翻箱倒柜，把衣服全部弄乱，也影响效率。而日本人则会把所有的衣服、袜子、围巾等卷起来竖放在里面，打开抽屉就知道里面究竟有多少件衣服、多少双袜子。

很多餐厅都有卧柜冰箱，过去的管理方法是直接把所有的食材放在里面，食材压着食材，不知道里面究竟有哪些东西，不知道这些东西有没有过期。正确的管理方法是做隔断（如图 3–8），把冰箱隔成一格一格的，然后再把不同的食材竖放在格子中。

图 3–8

打开一些餐饮企业的家具柜的抽屉，会发现里面放了很多纸巾、筷子、筷架、汤勺等，所有的东西混放在一起，不知道存放的量，使用起来效率低下。正确的做法同样是做隔断（如图 3–9），不同的物品分开摆放，里面有什么东西一目了然，清清楚楚。

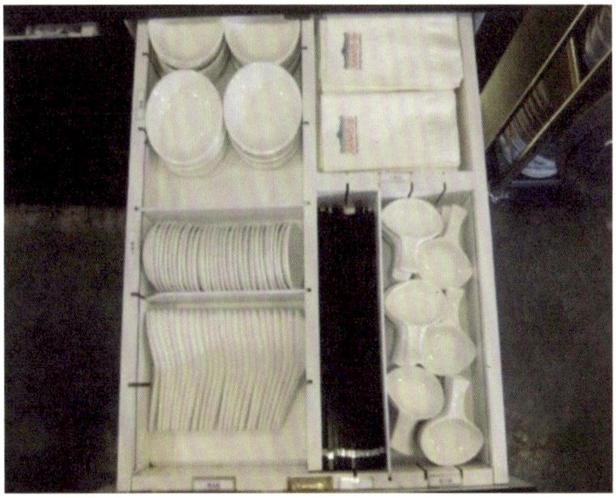

图 3–9

3.2.4 存放的方法——先进先出 VS 鲜进先出

先进先出，是指在物品管理的过程中，从成本的角度出发，一定要做到先来的货品先使用，避免物品摆放时间过长损坏品质。先进先出考验的是生产过程中对于标准的执行力。

很多餐厅在管理仓库的时候，会设计很多货架摆放在仓库里。刚开始使用时，员工会整整齐齐地摆放货品，比如，酱油。而实际操作的过程中，为了省事，员工常常直接从前往后取酱油。当有一批新的酱油采购回来后，就直接补充在架子上。这种做法会导致摆放在货架后面位置的酱油始终没有被使用，时间长了这些酱油会因为超过保质期而变质。正确的做法是规定左进右出（或右进左出）（如图 3–10），操作时一定要从“出”的那一边去拿酱油，采购完后，需要把所有左边没有用完的材料全部移到右边，从左边进行补充。

图 3–10

鲜进先出，是指从品质的角度出发，对海鲜、面包等食材做到后进先出，确保永远将最高品质的提供产品给顾客。鲜进先出考验的是企业对于标准和成本的平衡，以及如何做到精准的预估。

举一个例子，在面包店，通常每隔几个小时就会有一批新烤的面包出炉，新鲜的面包出炉后却摆放在最后面，店员先把三点钟出的一批面包卖掉，然后再卖四点钟出的面包。如此一来，没有一个客人能尝到100% 新鲜的面包，从而导致顾客满意度得不到保障。因为舍不得，于是整个品牌被拖垮了。很多餐饮企业在海鲜操作时也是如此。他们会培训员工：当客人点鱼的时候，一定要优先使用那些已经死了或者快要死的鱼，这样循环下去，客人永远无法吃到新鲜的鱼。

3.2.5 存放的方法——明确保质期

民以食为天。餐饮行业是满足消费者基本生理需求的一个重要环节。因此，通过提高品质、提供健康的产品，让消费者能够吃得好、吃得健康是餐饮行业的初心和回馈社会的终极目标。无论竞争有多激烈、生意有多难做，这一点是餐饮行业义不容辞需要履行的责任。

为了保障出品的健康安全，餐饮企业需要从源头上选择符合食品安全要求的合格产品，更重要的是要在保存的过程中确保不会变质，冷冻、冷菜的冰箱温度要符合标准，解冻的方法要符合食品安全的要求。在生产过程中最简单、最基本的原则是不可以使用过期的原材料。先进先出是一个方法，要对所使用食材的保质期做好可视化管理，食材的标签上要有名有家，还要有明确的第一保质期和第二保质期。

第一保质期，是指产品出厂的最后使用期，只要是在符合原包装的标准保质期内就可以使用，一旦过了保质期就不能再使用。在实际营运过程中，并不是所有食材打开后只要不超过保质期就可以使用，因为开封后食材在使用的过程中会慢慢变质，这就需要有第二保质期，即食材包装打开后可以使用的时间限定。

源全 5S 中要求做到目视管理，其中，星期标签就是一个很好用的小工具。每次来的货，星期一贴红色标签，星期二贴橙色标签，以此类推，每天贴不同颜色的标签。（如图 3–11）为什么这么做？原因是最佳的出品要求使用两天内的来货。星期一，订购的牛排分别用塑料盒装起来，贴上红色标签，如当天生意不好，其中还有一盒牛排没有用完，所以订货时只要加购一盒即可。星期二牛排到货后，给它贴上橙色标签，如当天的生意又不好，但是还是订购了星期三的货。营运中，可能厨师用了星期二到的牛排，没有先用星期一的牛排，星期三贴有黄色标签的牛排又到货了。作为管理者，管理起来很简单：打开冰箱，如果看到同一种食材贴有三种颜色的标签，就是不合格。

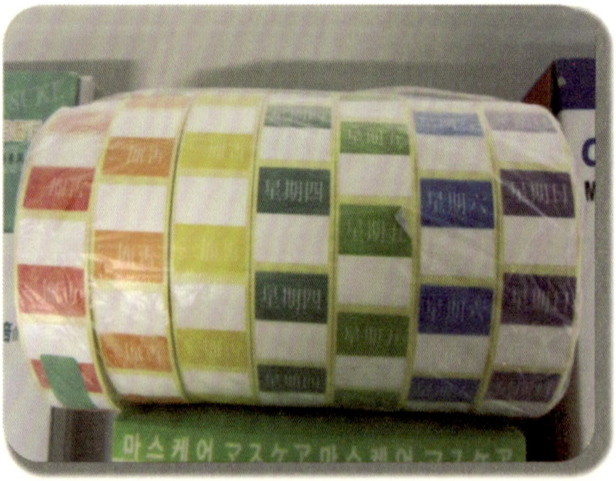

图 3–11

3.2.6 存放的方法——单位存放法

单位存放法，是指在实际管理中，为了便于做好食品成本的控制，快速地进行盘点，需要将大量的食材以每次领用原材料的数量为单位拆分成包，然后进行存放管理。事实上，日常生活中，对于钱我们也是使用的单位存放法，很少有人把大量的现金放在包里，基本上会 1 万元一沓，10 万元（10 沓）一捆存放，这样便于清点，也避免丢失。

比如，在管理海参时，一次性进货可能会是 5000 条。如果把这 5000 条海参全部放在一个袋子里，可能会造成海参丢失，导致盘点时效率低下。如果部分海参变质，变质的部分还会影响到全部。这时候就需要用到单位存放法。如果每次领用的数量为 50 条，则应该把这 5000 条海参分成 100 包，每次领用的时候拿走一包即可。采用单位存放法可确保盘点时的高效。

小故事：仓库的存放

有一次，我去一家客户企业的仓库检查。他们非常用心，仓库收拾得非常整齐，所有的东西用平面图画了出来，编制了存档总表；根据物品使用率的高中低进行了分区存放：A 架是一年使用一次的物品，B 架是 6~9 个月使用一次的物品，C 架上，靠前的是每周使用一次的物品，每个架子上都有存档总表；门的外面有平面图和有负责人姓名。这家企业的管理者自我感觉非常良好。

进去后，我看见仓库有一个玻璃窗，窗户下面有一排矮柜子，第一排放着香菇，上面整齐地摆放着红酒。我问：“为什么把红酒放在这里？

你们难道没有看风水？”他们笑着说：“这个还要看风水吗？”我说：“当然要看风水了，红酒存放的环境不能超过23℃，最好是10℃左右。红酒这样摆放，每天被西边的太阳暴晒，不出三个月红酒就坏了。”

我继续往前走，走到最里面，发现那里放的全是鸡蛋。我说：“是要在这里孵小鸡吗？”负责人说：“没有啊。我们不敢把鸡蛋放在架子上，怕被摔破。”但是，每天为了取鸡蛋，我们的员工跑得路却是最远的。

由此可见，存放不当，随之而来的是品质问题、安全问题和效率问题。

小经验：收银台的存放

收银台是每家餐厅不可或缺的部分。然而，很多收银台的存放却不尽合理，从而影响工作效率。收银台是餐厅与顾客接触的一个重要地点，是做销售的绝佳场所。然而，很多门店收银员跟顾客之间却被电脑挡住，收银员看不见顾客，错失沟通机会。正确的做法是将电脑斜放在一边，收银员保持与顾客眼神交流，正面沟通。

收银的正确流程应该是：收银员从顾客手中接过钱，退后一步，拉开抽屉，拿出找零，关上抽屉，往前一步，递给客人。顾客如果索要发票，收银员需要再往后、往前各一次。这样的一套流程，每天从早到晚都在上演。从使用频率高中低的角度来看，零钱、发票都是属于高使用率物品，应该放在两边的抽屉，方便收银员随手打开；中间的抽屉应该摆放公章等低使用率物品。

小经验：危险品的存放

很多餐厅为了图一时方便，将卡式炉、酒精、蜡烛等物品放在传菜口。

这样一来，万一传菜口着火，这些易燃品燃烧起来，会把整个传菜口封住，厨房的人是跑不出来的。

还有餐厅把卡斯炉放在架子的最上方，每天都要拿下来放上去。孰不知，拿的过程中如果失手将卡斯炉摔落，就会引起卡斯炉爆炸。正确的做法是：每天工作结束后，将卡斯炉中没有用完的燃气取出来，放在一个篮子里，并将篮子放在架子下面。看起来微不足道的动作，却能带给我们最大的安全保障。

做点心的餐厅都会用到打面机。有的餐厅因为某些原因会将打面机放在门口处，这会带来什么安全隐患呢？门口这个地方不足一米一，当员工蹲在这里操作时，进进出出的人难免会碰到正在操作的员工，稍不留意就会有意外发生。从安全的角度出发，这些设备应该放在餐厅最靠里的角落处。

3.3 颜色管理

颜色管理是收纳的重要管理方法。不同的颜色代表不同的部门和时期，看上去清楚明了。很多复杂的问题也可以通过简化成不同的颜色来解决。颜色管理可以让管理一目了然，也能够真正实现目视管理（如表 3 – 8）。前面我们提到过颜色管理的实际运用。比如，平面图中不同的部门用不同的颜色表示，不同的生命期用不同的颜色表示，不同的标签使用不同的颜色。

工具类	颜色	用途
菜筐	绿色	恒温存储小海鲜
	白色	已清洗
	蓝色	未清洗
鸡蛋盒	绿色	脏（未清洗）
	白色	干净（已清晰）
菜刀砧板	红色	荤菜
	绿色	熟食水果
	白色	蔬菜
	蓝色	海鲜
手套	红色	洗碗
	绿色	洗菜
	黑色	保洁
	蓝色	杀蟹
毛巾	白色	接触食品
	蓝色	保洁桌面
	褐色	洗手间、地面
	紫色	墙面
喷壶	绿色	菜品喷水
	白色	消毒液专用
清洁用具	红色	前厅
	蓝色	后厨
剪刀	红色	菜品
	黄色	杀蟹间
	黑色	炒蟹间
餐具框标签	红色	已清洗（干净的）
	黄色	未清洗（脏的）
刷子	蓝色	杀蟹间
	黄色	清洗下水道盖板

表 3–8

颜色管理的运用非常的广泛，基本上有两个以上用途的物品都应该进行颜色分类，比如：

（1）餐厅做分区管理时，可以在平面图上用不同的颜色进行区分，以后这个区域里所有的标签、工号牌等都要符合该区域的颜色；

（2）员工的工作服，可以分成两种不同的颜色，要求大家单日子穿一种颜色，双日子穿另外一种颜色。这样的好处是能够一眼看见员工是否每天更换衣服；

（3）刀、砧板、抹布，这些工具餐厅会有多套，使用的对象不同，有的是处理生肉，有的是处理蔬菜，有的是处理水果，不同的颜色可以进行有效的区分；

（4）生命期，餐厅里的食材、调料众多，有很多的肉类半成品只能当天使用，有一些可以保存两天，有些可以长达一周。不同的生命期，可以通过不同颜色的食材标签进行区分。

企业做落地颜色管理时，需要根据上面的一些分析，做出颜色管理的标准总表（如图 3-12）。从左往右代表不同的颜色，从上到下为需要进行颜色区分的项目，横竖交叉的地方代表着具体的用途。

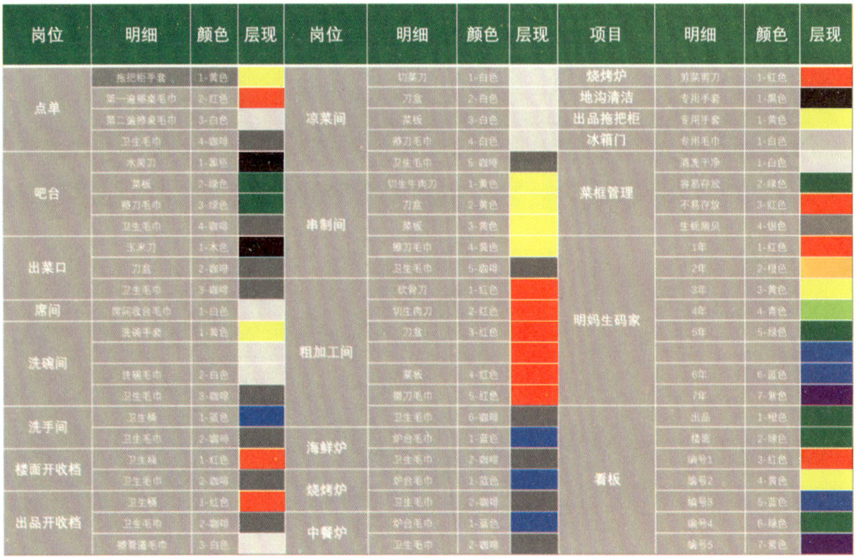

岗位	明细	颜色	层现
点单	拖把柜手套	1-黄色	
	第一遍擦桌毛巾	2-红色	
	第二遍擦桌毛巾	3-白色	
	卫生毛巾	4-咖啡	
吧台	水果刀	1-黑色	
	菜板	2-绿色	
	擦刀毛巾	3-绿色	
	卫生毛巾	4-咖啡	
出菜口	玉米刀	1-木色	
	刀盒	2-咖啡	
	卫生毛巾	3-咖啡	
席间	席间收台毛巾	1-白色	
洗碗间	洗碗手套	1-黄色	
	抹碗毛巾	2-白色	
	卫生毛巾	3-咖啡	
洗手间	卫生桶	1-蓝色	
	卫生毛巾	2-咖啡	
楼面开收档	卫生桶	1-红色	
	卫生毛巾	2-咖啡	
出品开收档	卫生桶	1-红色	
	卫生毛巾	2-咖啡	
	擦餐道毛巾	3-白色	

岗位	明细	颜色	层现
凉菜间	切菜刀	1-白色	
	刀盒	2-白色	
	菜板	3-白色	
	擦刀毛巾	4-白色	
	卫生毛巾	5-咖啡	
串制间	切生牛肉刀	1-黄色	
	刀盒	2-黄色	
	菜板	3-黄色	
	擦刀毛巾	4-黄色	
	卫生毛巾	5-咖啡	
粗加工间	砍骨刀	1-红色	
	切生肉刀	2-红色	
	刀盒	3-红色	
	菜板	4-红色	
	擦刀毛巾	5-红色	
	卫生毛巾	6-咖啡	
海鲜炉	炉台毛巾	1-蓝色	
	卫生毛巾	2-咖啡	
烧烤炉	炉台毛巾	1-蓝色	
	卫生毛巾	2-咖啡	
中餐炉	炉台毛巾	1-蓝色	
	卫生毛巾	2-咖啡	

项目	明细	颜色	层现
烧烤炉	剪菜剪刀	1-红色	
地沟清洁	专用手套	1-黑色	
出品拖把柜	专用手套	1-黄色	
冰箱门	专用毛巾	1-白色	
菜框管理	清洗干净	1-白色	
	容易存放	2-绿色	
	不易存放	3-红色	
	生蚝扇贝	4-银色	
明妈生码家	1年	1-红色	
	2年	2-橙色	
	3年	3-黄色	
	4年	4-青色	
	5年	5-绿色	
	6年	6-蓝色	
	7年	7-紫色	
看板	出品	1-橙色	
	楼面	2-绿色	
	编号1	3-红色	
	编号2	4-黄色	
	编号3	5-蓝色	
	编号4	6-绿色	
	编号5	7-紫色	

图 3-12

做颜色管理时，所选择的颜色种类不要太多，通常不超过 5 种颜色，多了难以记住，反而会造成管理上的混乱；另外所选择的颜色不能出现一个色系的多种颜色，比如说不能有粉红、大红、玫红、酒红等颜色，之前有企业在做保质期管理时，就是用粉红色标签表示 1 天，大红色标签表示 2 天，玫红色标签表示 3 天，结果没有员工能够准确的认出保质期。

3.4 通标管理

通标管理是指企业之前做的标签、线条等，是做 5S 的基本功。通标管理是一流现场管理的重要组成部分，其作用在于提高管理的透明度。

很多餐饮企业学了 5S 之后都喜欢做标签，因为这是最能出成果的一项工作。为什么贴了标签、线条之后会很有效果？因为贴了标签，员工就会自动把东西放回来。然而，真正的源全 5S 是没有标签的，尤其是餐饮业，更不应该有标签。标签太多有可能会导致客人不小心吃到标签。我们不允许台面上有很多标签。为什么？因为标签的线条上有胶，很不卫生。

很多企业都在食品保鲜盒上贴两条线，红色线条代表最高存量，蓝色线条代表最低存量。我所顾问的企业中，没有看到有员工按照线条执行，他们说这种线条不合理，说所有的高度都是一样，但是餐厅里的食材用量又不是全部一样。最离谱的一次我在广州一家餐厅，看到厨房里的小票打印机放在一个不锈钢做的盒子内，不锈钢的盒子外面同样也贴着红蓝两种线条，问厨师长为什么这样做，厨师长说也不知道，反正看到盒子就贴。

标签越少越好。凡是客人经过的地方都不能乱贴标签，除非是安全符号。源全 5S 系统要求客人见到的所有通标管理都是为了品牌与营销。客人的侧面是数据——各种设备的编号、文件的编号、日期等。客人看不见的地方是管理，管理的流程与方法，如清洁检查表、维修保养卡等。

通常，通标根据用途可以分为：图、表、卡和指示牌。

3.4.1 通标管理——图

一家餐厅通常有多少图？很多，比如，餐厅平面图、产品结构图、人员架构图、消防逃生图、绿化布局图、钥匙平面图、电挚平面图等。通常，图代表某一事物的标准，比如，平面图是餐厅相关空间布局、物品摆放的标准位置，人员架构图是人员编制的标准，消防逃生图表示紧急情况下人员的撤离动线。

在信息传播领域有“文不如图”这样一句话。事实上，如果使用文字来对餐厅的布局进行描述，会显得极为冗繁，不方便他人阅读和记忆。图的好处是一目了然，能够产生“此时无字胜有字”的效果。

3.4.2 通标管理——表

表，是餐厅管理的重要工具。绝大部分餐厅都有厚厚的一摞表格保障着每天营运工作的顺利开展。比如，有各区域的存档总表、生产计划表、销售进度表、清洁检查表、安全检查表、值班检查表、维修保养计划表、维修保养追踪表等。

通常，表代表实践与检查的过程，确保图的标准能够持续执行、推进下去。比如，餐厅的收货平面图，仅仅只是收货标准。这个过程中还需要有收货表、退货表等标准的执行；又比如，布草房的平面图只是衣服存放位置的标准，实际过程中还需要有存档总表，标明衣服的数量、谁的衣服等，只有这样才能达到布草房平面图中的标准。

如何进一步了解表代表着实践与检查？比如说收货表，这是用来检查当天到的食材是否和前一天的预定是一致的；比如说洗手间卫生检查表，是用来检查洗手间的卫生状况是否符合标准。

补充：图＋表＝公告栏

图和表组合在一起，叫做通告栏。它的作用是集中展示部分标准和检查结果（图 3-13）。

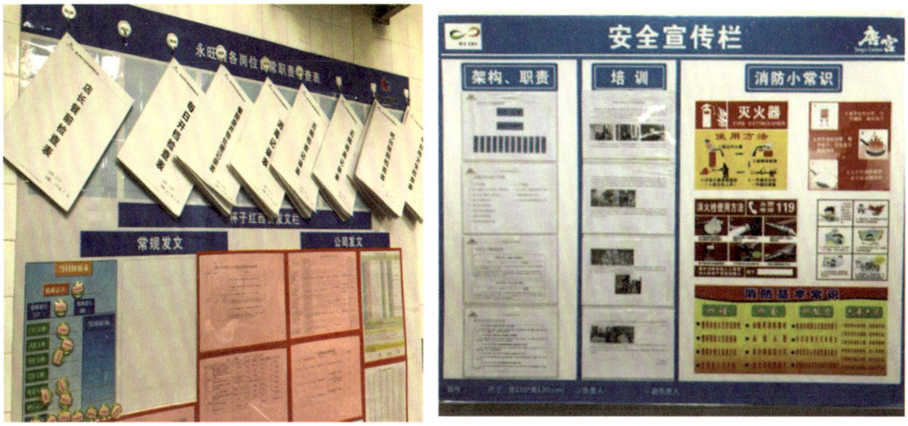

图 3–13

在进行公告栏管理时，首先需要思考能否用现代的科技手段取代传统的通告板。比如，有的企业用电视机、LED 显示屏，滚动播放各项内容。如果依然采取传统的方式，在墙上进行展示，管理的重点是在每一张贴上去的图和表上清楚地标注撤下来的时间，否则会出现内容越来越多，墙上越来越杂乱的状况。

3.4.3 通标管理——卡

卡，也是餐厅中常见的通标，起到提示作用——它可以提示人员的安全情况，如安全标识；提示人员的规范操作，如看板、随身卡等；提示他人东西什么种类，如标签；提示客人今天谁为他服务，如工号牌等。

说起看板，它最早出现在日本的丰田公司。在丰田公司可以看到很多的小板子，上面有相关工序操作的注意事项等信息，比如，此道工序需要给汽车上多少配件、多少螺丝、使用寿命工具等。这个叫做 kankan 的小板子是丰田成功的关键。追根溯源，日本人说这个词是从中国传过去的外来词，他们是学习了几千年前中国药房的管理方法。原来，我们今天在向别人学我们自己过去发明的东西。

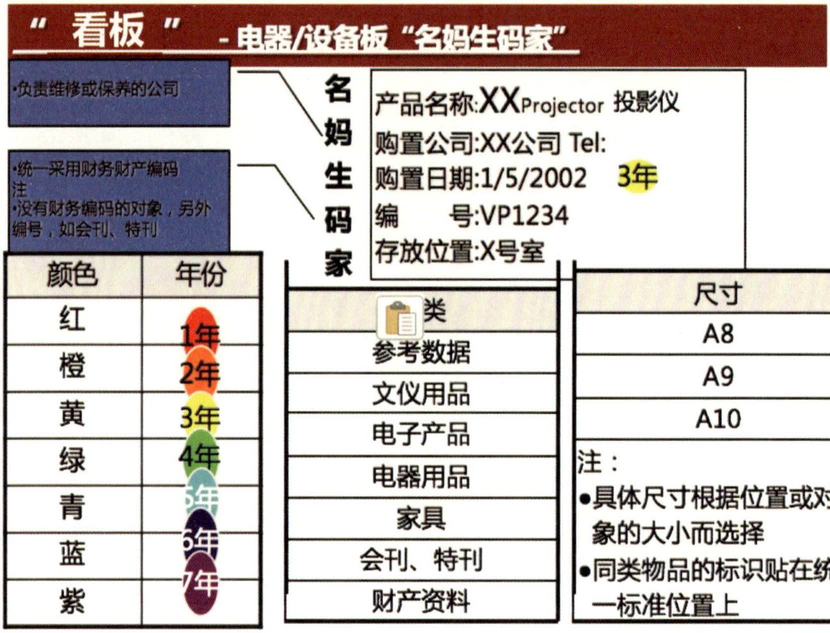

图 3–14

图 3–14 是我香港幼儿园里的一个看板，“名妈生码家”清楚地传递了以下信息：

名：产品的名称，看板中标明了这个产品是投影仪；

妈：生产的厂家信息，是使用过程中负责维修或保养的重要信息；

生：购置日期以及生命期标记，标明这台投影仪是 2002 年 5 月 1 日购置的，它属于电子产品，生命期为 3 年，到 2005 年 5 月 1 日后如果坏了就直接报废；

码：编号，餐厅里面所有的物品采用统一的编码规则，方便各部门管理；

家：存放的位置，东西用完需要放回的位置。

有的企业总结为“名妈生码爸”，就是把存放的位置改为保管负责人的姓名。

图 3–15

图 3–15 是木屋烧烤厨房里的一个冰箱看板。这个看板的颜色提示我们这是一台用于保存蔬菜的专用冰箱，它的标准温度应在 0~5℃。从中，我们还可以了解到：负责人是谁，清洁的注意事项是什么，冰箱里每个层架分别存放了什么蔬菜，以及蔬菜的存放量分别是多少。

卡中另一个最常用的是标签。标签的作用是提示物品的名和家。

图 3–16 是我所管理的清凉厨房的标签。整个厨房有三个层架，一个是点心部，一个是砧板，一个是炉台，用的是三种不同颜色的标签。图中黄色的标签代表这是砧板使用的食材。做标签的时候，要考虑到有名

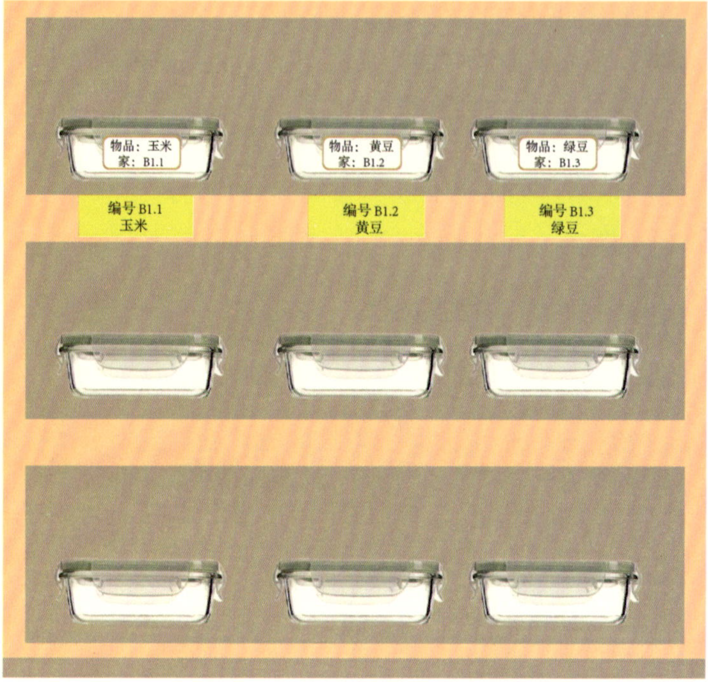

图 3–16

有家，名上有家，家上有名。很多企业东西拿出来后都把它放回家。

家上有名，在架子上下每层先贴一个透明的标签，分为 B1、B2、B3。每一层再从左到右分为一个一个的家，比如 B1.1、B1.2 等。图 3–16 货架上的 B1.1 上的标签写着玉米，提示员工这个位置是存放玉米的，不能存放其他物品，这就是家上有名。

至于名上有家，从图中可以看出，每个盒子上有个标签，同时还有家的位置，比如，贴有玉米标签的盒子上，还标明家为 B1.1，提示餐厅员工拿出来使用后必须放回指定位置，不能随意放到其他地方，这就是名上有家。

3.4.4 通标管理——指示牌

通标的最后一个工具是指示牌,起到指引的作用。餐厅里常见的地标、地线、路标等都属于指示牌，主要用于方向和路径的指引，引导人们去需要去的地方。

以前餐厅里指示牌用得比较少，现在，因为人力成本太高，导致餐厅服务员越来越少。客人怎么去洗手间，怎么去包房等等，就需要用指示牌来引导。

有的餐厅迎宾员不足，这时，指示牌就派上了大用场。当客人来到餐厅门口，连上餐厅 WiFi 后，会有一个平面图发到客人手机上，根据平面图，顺着指示牌就可以去用餐的地方。

3.4.5 餐厅要贴哪些通标

通标是源全管理系统现场管理重要构成，不同类型的通标有着不同的作用和意义，整体上实现了环境管理的可视化，使得环境会说话，让员工一看就知道要做什么，要注意一些什么。

那么一家餐厅应该贴哪些东西？贴的时候要注意哪些事项？

在餐厅贴通标时，首先要注意是否运用颜色管理，比如说每个部门的通标底色可以不同；第二要做到同一类型通标的大小是否一样，比如说所有冰箱上贴的看表大小一样，所有包房的逃生图大小一样；第三要注意张贴的位置，比如说保鲜盒上标签全部居中，营业区的标签不能贴在客人看得见的地方，冰箱的看板不能贴在门上（打开门就没法看见信息）；最后注意张贴的方法，建议不要直接张贴。比如说不要把做好的看板直接贴在冰箱上，而是先贴上塑料的卡套，然后把打印好的冰箱看板放在卡套内。

餐厅里应该贴哪些东西？建议如下。

（1）安全逃生图：建议 A4 纸张大小，所有包房的门后，以及大厅都需要做出张贴。

（2）“名妈生码家”看板：建议 A6–A8 纸张大小，冰箱等大型设备用 A6 大小，微波炉中型设备用 A7 大小，打印机小型设备用 A8 大小。

（3）安全标识：建议 A6 纸张大小。安全标识通常有三类，第一类红色的表示禁止，比如说“禁止吸引”的标识用红色制作；第二类黄色的表示警告，比如说厨房设备上的“防止烫伤”“防止割伤”等安全标识应用黄色制作；第三类蓝色标签标识强调，比如说厨房入口处应该要告诉 所有人进入厨房必须要洗手、戴帽子等，这些表示强调的安全标识应该用蓝色制作。

（4）存档总表：建议 A5 纸张大小。通常张贴在冰箱上，或者张贴在一个柜子的旁边，通常有负责人、清洁方法、所储存物品名称和数量等信息。

（5）标签，通常贴在保鲜盒或者层架上，建议大小为 A8–A9 大小。

（6）综合看板：每个部门要有一个综合看板，用来展示各项管理标准。综合看板大小可根据部门的实际大小进行制作。综合看板建议 80% 区域内容为固定信息，20% 区域内容为变动信息。以凉菜间为例，80% 固定信息为凉菜间的人员架构图、产品结构、生产的“一套工具”、物品定位收纳图、产品的生产流程等，这些信息通常在一段时间保持不变；20% 变动信息，比如说月度营业额目标、每日生产计划、每日清洁计划、每日维保计划、每日重点工作等，这些内容变动，需要管理者及时填写和更新。

3.5 贵重物品管理

在进行餐厅物品存放管理的过程中，还需要重点关注贵重物品。贵重物品包括哪些？如客人存放在餐厅里的酒水，客人遗失在餐厅的钥匙，餐厅里的电脑等都属于贵重物品，如有遗失会给餐厅带来损失或影响到顾客满意度。贵重物品的存放除了需要符合前文讲到的方法外，更重要的是要做到存放的透明，做好存放的监控。

餐厅的贵重物品分类如图 3–17 所示。

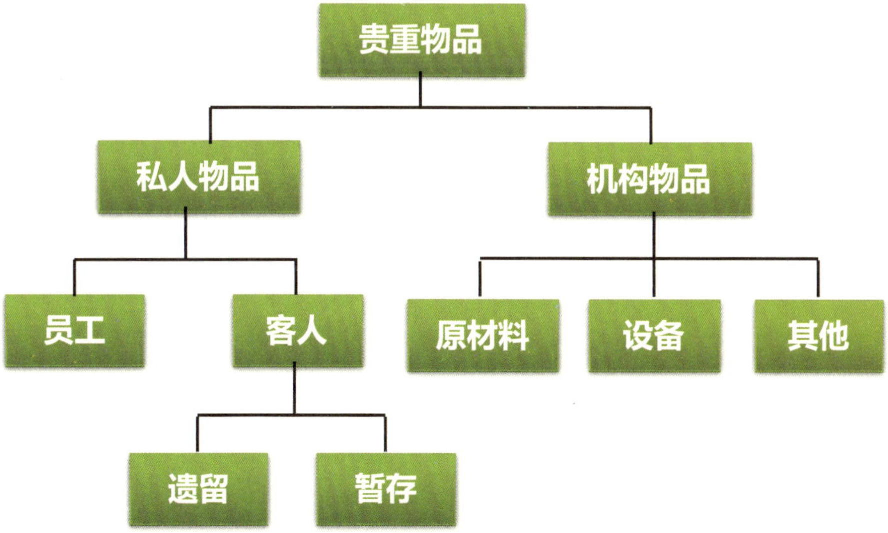

图 3–17

3.5.1 员工物品

为了保持餐厅整体形象的一致性，要对员工上班时的仪容、仪表进行统一规定，这就需要员工在工作时妥善地存放好自己的私人物品。餐厅在进行员工私人物品保管的时候，需要注意安全、隐私和卫生。

安全：分给员工的抽屉、更衣柜要配好钥匙和锁，员工在上班的时候可以把手机、钱包等私人物品存放在里面，餐厅有责任和义务保证员工的财产安全。安全的环境才是员工安心工作的基础。如因员工的抽屉没有锁（或锁坏了）导致员工物品丢失，餐厅需要负主要责任；如果物品丢失是因为员工自己不上锁，那么员工自己负主要责任。

隐私：人人都不希望自己的空间曝光于他人眼前，餐厅也要注意这一点。餐厅的任何管理者都不可以独自一人以检查的理由私自打开员工的抽屉，这一点是对员工最起码的尊重。如果确实有这样做的必要，开抽屉时也必须要有保安部或其他管理者的第三方监督。

卫生：有些餐厅里面因为空间狭小，通常只给员工配备一个柜子。员工常把自己所有的物品，包括更换的衣服、鞋子都存放在里面。从健康的角度出发，餐厅要定期带领员工做好存放区域的清洁卫生。

3.5.2 客人物品

很多时候客人因为某种原因，在离开餐厅的时候将自己的随身物品遗忘在餐厅里，如手机、文件、礼物等。对于这些物品，餐厅不能轻易地做任何处置，不能直接赠送给员工，也不能轻易地丢弃。如果是手机、钱包等贵重物品，餐厅一定要进行失物的保存，主动联系客人，将失物交还给客人；如果是一些小礼物、贺卡等物品，餐厅不能觉得不值钱，就直接丢弃，因为这些物品可能对客人有着非同寻常的意义，餐厅同样要保管好，主动联系到客人，询问物品的处理办法。

此外，餐厅里还会有一些客人暂存的物品，如存放在餐厅的酒水，餐厅在保管的时候要做好标签，标签上要写明客人的姓名、联系方式、存放日期、过期日期等信息，以方便餐厅在保质期内提醒客人再次消费。餐厅在保管客人暂存的酒水、食品的时候，一方面要注意不能丢失，同时还要关注储存的环境，不能因为温度过高、湿度过高或阳光照晒等造成酒水、食品变质。

小经验：如何做好客人存放衣服时的感动服务？

在北方的冬季，天气寒冷，人们在外出时常喜欢穿一件大衣外套。进餐厅后，因为有暖气，客人都会把外套脱下来放在椅子上。好一点的餐厅，从客人的满意度出发，大多会在包房里放置衣架，方便客人挂衣服。当客人用餐结束，离开的时候，服务员会抱着客人的衣服，依次询问后再给客人。

然而好的服务一定是超越客人需求的服务，好的服务一定不是问客人衣服是哪件，而是应该做到无须问询即可准确地把衣服给客人。如何做到这一点呢?

方法其实很简单，只需在衣架的旁边画一张台形图，标注清楚主宾的位置，然后再用左一、左二、右一、右二在图中进行标注。画好图之后，再在所有的衣架上贴上主宾、左一、右一等标记。如图 3-18 所示。

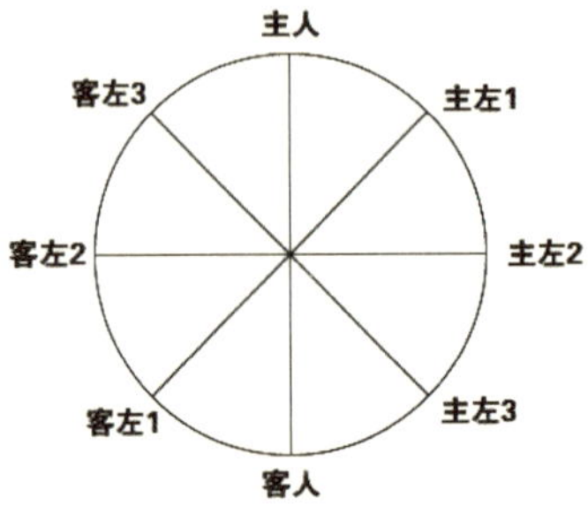

图 3-18

当客人入座后，根据客人的入座位置摆放其衣服。通过这种方法，当客人用餐即将结束时，服务员就能够准确地把衣服拿给客人。

3.5.3 餐厅物品

原材料是餐厅成本的重要构成，如有丢失，将会对损益表中的利润产生影响。因此，餐厅要在存放的过程中细心做好过秤点数工作，领用的时候做好登记，不能让原材料轻易丢失。除了避免管理上的丢失之外，还要确保原材料不变质、变坏，为此还需要做好存储区域温度、湿度和阳光的管理。温度过高、湿度过大、阳光直射都会导致原材料变质；存放的环境中还要注意采取防水、防虫等措施。

对于一些价值高的原材料，如鱼翅、鲍鱼、燕窝等，餐厅要做到多把锁管理，厨师长一把锁，库管员一把锁。需要领用时，需要两人同时在场，以保万无一失。

餐厅里的设备通常价值不菲，这些设备要由专门的人保管，负责设备的操作、清洁、保养等工作，以避免因管理不到位而导致设备使用寿命减少的情况。从安全保全的角度出发，还要做好相关设备、配件的安全问题，避免出现丢失的情况。

4 存放——关注的环境

4.1 营业区管理

营业区，是餐厅获取营业额的重要区域，属于餐厅环境产值最高的区域。做好营业区的安全健康管理是餐饮企业的必修课；做好营业区的开源节流更是餐饮企业必须下足功夫做好的事情，这将决定餐厅的赢利情况。营业区的管理需要遵循以下原则。

（1）客人的面前是营销：在物质泛滥、信息发达的今天，人们懂的越来越多，但懂得越多反而使人们在面临选择时存在着犹豫、选择恐惧等障碍。客人来到餐厅用餐时同样如此，经常在点菜的时候犹豫不决。餐厅为了更好地提升顾客满意度、提升营业额，应该在营业区客人看得到的地方做好营销，利用易拉宝、电视机、台卡、装饰物等进行餐厅核心特色产品的宣传推广，让客人通过可视化的信息详细了解餐厅的特色，从而增加客人选择的信心。我们看到唐宫、旺顺阁、眉州东坡等企业在这一点上都做得非常到位。一进入营业区，特色菜、时令产品、土特产等信息铺天盖地呈现在顾客的眼前，起到了拉动营业额的作用。

基于此原则的重要性，我们建议餐饮企业打破过去的装修格局，大胆地把厨房置于客人的眼前，因为明档的菜品烹调过程、菜品的香味将会带给客人非常大的吸引力，使客人看见就有点餐的欲望。当然达到这个效果的前提是做好厨房的源全 5S 管理，确保环境的清洁卫生和食品的安全健康。

（2）客人的侧面是数据：营业区所有的餐具、工具等都应该有最高、最低存量，客人侧面所有的过道、柜子的侧面应该是相关的存量数据，做到餐厅物品管理的价值最大化。

（3）客人的背面是管理：科学的管理要做到可视化，存放在营业区的所有设备都要有可视化的清洁维保步骤，所有的岗位都要有可视化的一天工作计划，所有的温度、灯光都要有可视化的标准。客人背面的那些区域应该呈现的是这些信息，以方便员工工作时能够及时参考。

企业在制定营业区标准时，可进行以下问题的思考。

（1）机：营业额是多少？面积占比？环境产值是多少？

（2）人：多少工作人员？每天多少客人？

（3）物：多少桌椅？多少餐位？哪些宣传品？一套工具有哪些？

（4）法：如何接待客人？如何点菜？如何餐中服务？如何清洁？

（5）环：环境清洁标准？物品摆放原则？区域平面图

（6）检：用餐预定表、营业额目标追踪表

动动手：根据以上框架梳理出您企业的营业区管理标准。

小经验：如何设计营业区的桌椅布局？

越来越多的餐厅会在餐厅营业区设计一系列的 1 人桌、2 人桌、4 人桌、8 人桌等不同大小的座位，以满足不同客人的用餐需求。然而，很多时候我们看到餐厅里的四人桌只坐 2 人，而大大的 10 人圆桌只坐了 6 人，座位的利用率非常低下，但是却还有很多客人在等位。

原因在于设计时只从空间的角度做了布局，只考虑了如何能够通过大小桌子的搭配将餐厅排满，却没有经过数据化的核算。

正确的方法是餐厅在设计营业区之前首先要进行调研。经营者要在自己的其他分店或同类型的竞争对手餐厅进行统计，通过分析研究得出 1 人用餐、2 人用餐、4 人用餐等各种不同用餐情形的占比分别是多少，然后再根据新店餐厅营业区的实际大小和比例分别核算出不同大小桌子的数量。

4.2 生产区管理

生产区是餐厅运营过程中最为忙碌的区域，是餐厅完成营业额指标的重要保障，也是餐厅在投资中占比较大的区域。生产区的管理有以下重点。

（1）生产仪器的产能、产量、产值监控：资源增值是源全 5S 的目标之一，餐厅要对生产区的所有设备、仪器进行监控（监控的方法前文已做描述），一旦出现产值低下的情况应立即做出优化方案，确保做到设备资源的价值最大化。

（2）生产计划表：生产区的每个档口、每个炉头都要根据月度销售营业额分解出各自的贡献任务，要将生产任务转化成可视化的生产计划表，在生产过程中及时关注计划的完成进度，一旦出现问题要及时和楼面做沟通，借助楼面的力量做好推销，全力以赴达成生产计划目标。

（3）七层空间：如何提升厨师的工作效率？如何减少厨师因走路而产生的时间上的浪费？七层空间是指通过上下多层的空间设计，把每一个厨师工作过程中需要用到的所有原材料、调料、工具、餐具等全部存放在厨师身边的空间中，确保厨师不用走路、一转身就能拿到所需物品。七层空间层架如图 3–19 所示。

图 3–19

（4）灯光：很多餐厅的厨房都是用全白的灯光，这样做的优点是亮度足够，方便进行品质把控。缺点是白光无法反映出肉的本质颜色。正确的做法是采用“一米一白”的灯光设计方法，白光灯和黄光灯交叉设计运用，使亮度既能符合餐厅生产的需要，又能够反映出肉的本质颜色。餐厅的营业区多数为黄光，员工工作时需要频繁地往返于生产区和营业区之间，若厨房的灯光全部为白光，员工（如传菜员）需要不停地在白光和黄光之间转换，时间长了，员工的眼睛和精神都容易出问题。“一米一白”厨房则能解决这个问题，从而保障员工的身心健康。

（5）温度：从食品安全和给员工提供舒适环境的角度出发，生产区的最佳温度不能超过 26℃。如何实现？可以将高温和低温区域分开，以便于集中规划排风；排风扇的大小要符合生产区的工作强度；要保证有新风进入生产区，做到空气的循环流动。

（6）安全健康：如何确保生产区的安全健康？第一，要做到彻底的工具、设备、地面等清洁消毒，不能出现卫生死角；第二，操作过程中生熟分开，避免交叉污染；第三，生产区的下水沟最好使用暗渠，明渠易滋生细菌；第四，生产区不能有裸露的垃圾桶；第五，严格做到人员进出的管控，将人流和物流分开。

企业在制定营业区标准时，可进行以下问题的思考：

（1）机：营业额是多少？面积占比？环境产值是多少？
人均产值是多少？

（2）人：有多少岗位？多少工作人员？

（3）物：多少道菜？招牌菜有哪些？四类菜品比例多少？
有多少冰箱？多少炉头？多少调料？多少餐具等？

（4）法：菜品生产操作流程？解冻方法？订货流程？

（5）环：七层空间、工作台不是家

（6）检：营业额目标追踪表、菜品分析表、叫货表

动动手：根据以上框架梳理出您企业的生产区管理标准。

4.3 专间管理

何为专间？专间是指处理或短时间存放直接入口食品的专用操作间，无须经过炉灶的再次加工，包括冷菜间、点心间、烧腊间、备餐间等。专间对清洁的要求较高。根据食品安全法的要求，专间内应设有专用工具清洗消毒设施，还要有洗手、消毒和更衣的二进间。

专间管理的基本要求如下。

（1）做到“专人、专室、专工具、专消毒、专冷藏”，不与其他生产区域共用 。

（2）严格进行出入管理，非专间人员不准擅自进入专间。

（3）工具、容器定位存放，使用后洗刷干净，每次使用前进行消毒。

（4）专间内装有紫外线消毒灯，紫外线灯使用应有记录，记录消毒时间。

（5）专间内设有三个清洗消毒水池，标志明显，使用脚踏式水龙头。

（6）专间室温应控制在17–24℃，设有与食品数量相对应的冷藏设备。

（7）须将蔬菜、水果类择好洗净后再带入专间；专间内外食品传送宜从可开闭的窗口进行，不进行传送操作时窗口应关闭。

（8）备用餐具应存放在密闭保洁设施内，冰箱、案台等设备应保持清洁。

4.4. 传菜口管理

传菜口，是餐厅前厅和厨房进行信息交流的桥梁，是餐厅重要的“交通枢纽”，所有档口的菜品完成烹调后全部汇集在此，然后再被送到餐桌上。

传菜口的管理内容如下。

（1）从前厅和厨房的桥梁角度看：传菜员根据服务员的下单要求，将每桌菜品开始上菜的时间传达给厨房；传菜员及时把生产的相关信息传达给前厅。

（2）从提升工作效率的角度看：配备好传菜的一套工具；做到传菜流程、传菜路线图、出品配料清单等标准文件的可视化。

（3）从把控出品品质的角度看：把好餐厅出品监控的最后一道关，从外型、分量、温度上做好品质的把控，一旦出现退菜，做好记录；传菜口不能有太大的风，以免影响出品的温度。

（4）从安全的角度看：传菜口不能储存危险品，比如酒精、卡斯炉等易燃物品；

（5）从食品安全的角度看：全面实践货流与客流彻底分开，营运时传菜人员不进入厨房，生产人员不走出厨房。

小经验：传菜口的设计

在餐厅设计时，要重点考虑传菜口的位置。最佳的方案是所有档口的出品能够汇聚到传菜口，同时传菜口到用餐区较为方便、无障碍。若餐厅为多层设计，可通过安装菜梯实现菜品的运输。

图 3–20 为一家餐厅的设计，动线非常地流畅，效率极高。这家餐厅的招牌菜品是胡椒蟹。由图中可以看出：所有的出品都能方便地送到传菜口，再由传菜口传到客人处。传菜通道和人员通道分开，厨房的进和出分开。

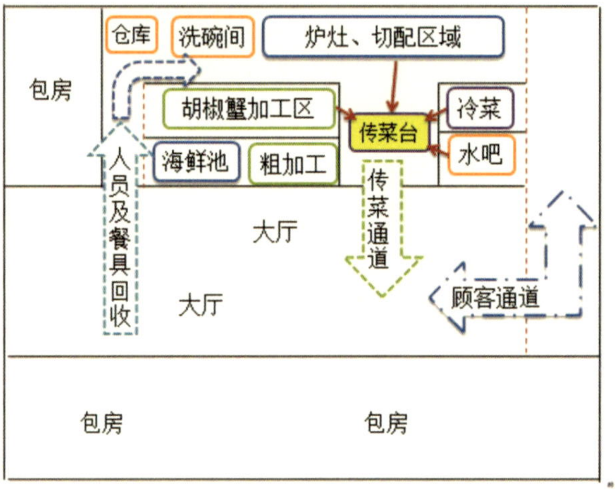

图 3–20

所有的客人从右边的通道进入到餐厅的用餐区域，客人走到大厅就会看见一个非常漂亮的海鲜池，环境会说话，客人面前是餐厅最畅销菜品的销售，使得胡椒蟹的点击率得到提升。

客人选好海鲜后，直接拿到海鲜池旁边的粗加工区域进行加工，然后再通过一个可开闭的窗口传到胡椒蟹加工区，加工好的蟹立刻送到传菜口。畅销菜品销售的数量多，就应该选择离传菜口最近的地方加工，提升效率。

图 3–21 为一家餐厅的凉菜传菜口，设计得非常巧妙——一台双通道的冰箱被放置在凉菜专间。凉菜厨师在凉菜间打开冰箱门，把做好的菜

品放进冰箱，按一下呼唤铃。外面的传菜员听到铃声后，打开外面的冰箱门取走凉菜，非常的方便快捷，无须绕路；菜品流和员工流分开，使得菜品更加安全健康。

图 3-21

传统的传菜梯是单向直上直下的运作模式，有时会因为等待而影响菜品温度。360° 传菜梯的工作原理就像摩天轮，不间断地把下面楼层的物品传到上面，同时也把上面的物品传到下面，效率非常得高。

4.5 存放：会说话的口号

（1）以销定产、以产定人、以人定物、以物定环

（2）厨师不走路，来回不打空手

（3）从上而下，打横单一，直柜横取，横柜直取

（4）先进先出与后进先出

（5）文不如图、图不如表、表不如演

（6）客人的前面是品牌和营销

（7）客人的侧面是管理

（8）客人的后面是数据和成本

（9）七层空间，工作台不是家

（10）没有岗位，只有功能

第四章

3S——清洁

清洁包含维保与清洁两个范畴。维保是指设备的维修保养，其中，保养即是实现资源增值的主要手段。好的维保能够确保门店必需的设备保持良好的运营状态，从而达到资源增值的目的。

1 清洁——概述

在实践源全 5S 理论的过程中，只要有目标、计划和执行力，短时间内完成整理和存放并不困难，难的是做到持之以恒，每天都做好。由于餐饮门店存在着工作范围广、任务内容多、工作条件差和人员变动大的客观情况，坚持做好清洁，将有助于门店慢慢养成良好的习惯，实现资源增值和安全健康。倘若不能坚持，无论多好的阶段性成果都会如昙花一现，导致门店出现种种因环境管理不当而产生的问题。更糟糕的是，对团队而言，一次失误，将会给以后带来更大的工作难度。

清洁包含维保与清洁两个范畴。维保是指设备的维修保养，其中，保养即是实现资源增值的主要手段。好的维保能够确保门店必需的设备保持良好的运营状态，从而达到资源增值的目的。清洁则是利用合适的清洁工具和用剂，采用适当的方法确保门店各区域的干净、卫生，达到安全健康的目的。

查阅其他的 5S 相关资料，我们会发现大部分的 3S 仅仅是清扫，目的只是让现场环境保持清洁、卫生、整齐。而 4S 清洁也仅指维持前三个阶段的成果，达到干净、简洁的目的。源全 5S 则是将两者合并在一起，在 3S 中完成基本功，打造干净、简洁和高效的环境，更重要的是还要求门店做好机器设备的维修保养。良好的机器设备维护，一方面能够延长机器的使用寿命，真正帮助餐饮企业通过环境管理减少浪费；另一方面，运转良好的机器设备也是提供安全健康的产品和高效运营的重要保障。

2 清洁

清洁最基本的功能是扫除及清理餐厅的污垢，使得工作场所整齐、干净、无污垢，保持环境、设备和工具的清洁卫生，以及让所有物品、设备处于良好的状态之下。良好的清洁将会保障餐厅、顾客、员工的安全健康。

如果门店现场混乱，物品随意摆放，地面有杂物、水渍、油渍、污渍等，非常容易招来老鼠、蟑螂，也容易滋生细菌，这些都是餐厅食品安全问题的产生根源。

另一方面，员工在这样的环境中工作，地面的水渍、油渍，以及无序的物品存放易造成员工工作效率低下，导致员工滑倒、摔倒等。长此以往，员工无法以高标准要求自己，从而产生管理上的恶性循环。

餐厅的清洁工作，考验的不是执行人的能力，而是执行人的态度。那些工作踏实、为人谦卑的员工从意识到行为都会把清洁作为生活和工作中必不可少的一部分，作为“修身齐家”的重要一部分。他们会用心做好每一个清洁项目，尤其是会处理好死角、油污等细节之处。只有把这些平常的、微不足道的小事持续做好，员工才能在工作中获得更高的成就。

举个例子，三国清三（日本法国料理界的名厨），15 岁的时候想要成为一名厨师，于是去了北海道一家非常著名的餐厅工作。通过自己的努力，短短三年时间，他就成为了那家酒店的名厨。那时的他已经非常有名气了，但三国清三先生是一个不断追求卓越的人，他放下了已经获得的鲜花与掌声，离开北海道，去了东京最有名的酒店，因为那里有日本最有名的法国料理名厨。进入这家酒店之初，没有人在乎他是不是北海道的名厨，他要么洗碗打杂，要么离开。为了自己的梦想，三国清三选择了洗碗，一洗就是两年。他是一个非常用心的人，同样是洗锅，一般人只把锅洗干净，他却将锅的把手卸下来一起清洗干净。最终，他经酒店的大厨推荐，成了瑞士驻日大使馆的总厨。

2.1 清洁的费用

从资源增值的角度来讲，我们需要关注每个月的清洁费用占营业额的比例。我从事顾问工作多年，从来没有在大陆的餐饮企业里见到合理的洗碗间。大部分企业的洗碗间都存在人手浪费、洗洁精浪费、流程浪费等问题。比如，很多餐厅洗碗间里用双倍的洗洁精、双倍的人员，造成资源的浪费。

餐厅管理中，要界定清楚清洁费用的核算范畴，制定出企业的标准。清洁费用的范畴没有统一的标准，看企业管理的需要。有的企业只需关注清洁工具和用剂，那只要统计每个月相关易耗品的使用金额即可；有的企业关注的是清洁的人员成本，那只要统计清洁人员工资即可。企业定好标准后，然后每月进行数据的统计分析，时时监控清洁费用的发生金额。

项目	8月	9月
人员工资	29700	18900
清洁剂	5250	3360
工具	1076	780
消毒费	1800	1800
垃圾清运费	2500	1500
洗碗机租金（韩洗洁精）	-	4000
小计	40326	30340
营业额	4722898	4522282
比例	0.85%	0.67%

30 天 * 每天 1 小时 * 人		
PT：无		
正职 平均 $90/ 人	30 天 ×$90×11 人 = ￥29700	30 天 ×$90×7 人 =$18900

表 4–1

2.2 清洁的标准机制

清洁的范畴，指的是餐厅清洁对象的分类。餐厅清洁工作可分成四大范畴：第一类是个人清洁，包括员工应维持的仪容仪表标准，出品人员的双手清洁等；第二类是物品清洁，包括了所有的生产设备、辅助工具、餐具等；第三类是食材清洁，包括食材的解冻和清洁；第三类是环境清洁，包括了餐厅的天花板、墙面、窗户、工作台、地面和下水道。

有了清洁的范畴分类，从管理系统的角度出发，还需要有系统的清洁标准机制去保障餐厅清洁工作的执行。对于餐厅而言，系统的清洁标准须包含以下内容：首先要有明确的应用范围，即：每个范畴有哪些清洁的项目，负责人是谁，每一个项目清洁的方法是什么；第二，需要制定出清洁的频率，明确所有的清洁项目中哪些是需要每天清洁一次的，哪些是需要三天清洁一次的，哪些是需要一周清洁一次的；第三，制定清洁检查表，前面两点是确保餐厅有标准可执行，检查表则是保障标准的执行；第四，需要明确餐厅的清洁检查机制，什么时候检查，检查的标准等。

表 4–2 就是某企业的清洁标准机制案例，表格中明确了点心部的清洁工作内容与标准。这里不是按照四大范畴进行分类，而是根据岗位进行分类。从表格中可以看到案板区域的清洁内容包括了案板台、工具、打面机、冰箱等项目，共有 11 个清洁对象；明确了这些清洁工作频率要做到每日一次大清洁和随手小清洁；也能知道做案板区域清洁工作要用到的工具是百洁布和毛巾；同时还可以看到案板区域的清洁情况总分为 10 分，这个用来进行清洁成果的绩效评估。这样的机制员工一目了然，知道要做什么，知道什么时候做，知道如何做，也知道了做的好与不好的结果，这样就保障了餐厅的清洁。

点心部清洁标准机制						
序号	清洁内容	清洁频率	清洁方法	涉及个数	工具	总分
1	按板	每日在岗随时清理	收市后用干净湿毛巾把按板台擦干净，不要有异物和粉渣，所有工具用洗洁精清洗，擦干水后放回原位工具的家，打面机、面粉桶、过面机、烤炉要用干净湿毛巾擦干净，不要用水冲，以防触电，四门冰箱表面洗洁精清洗，然后用干净毛巾擦干净，里面物品摆放整齐，做完卫生后毛巾要用消毒水、洗洁精洗干净，无异味无油渍。	11 个	百洁布、毛巾	10

表 4–2

2	馅档	每日在岗随时清理	收市后，刀具用消毒水洗干净后放回刀具箱。砧板用洗洁精清洗，用刀刮净肉渣等异物，其他工具用干净的毛巾擦干净，四门冰箱表面用洗洁精洗干净，用干净毛巾擦干，里面的物品摆放整齐，打荷台放洗洁精用百洁布擦干净后用毛巾擦干。	8 个	百洁布、毛巾	10
3	炸档	每日在岗随时清理	打荷台做好一种出品出去后就要用干净的毛巾把台面擦干净，炉头四周只要没单来就要用清水冲洗干净，收市后电炸炉的油要倒出来，把油箱拿去用洗洁精百洁布清洗，两门冰箱里面要摆放整齐，用干净毛巾把表面和面角擦干净。	5 个	百洁布、毛巾、手套	5
4	肠粉	每日在岗随时清理	收市后，用百洁布和洗洁精把肠粉炉洗干净，炉板拿起来清洗下来的肠粉渣，肠粉布用洗洁精清洗干净，工具和打荷台用百洁布和洗洁精清洗冲水后再用干净毛巾擦干净。	4 个	百洁布、毛巾	5
5	明档	每日在岗随时清理	收市后，煎档扒炉要用砂纸擦过后用洗洁精清洗，煮粥炉头要用百洁布洗洁精擦洗后冲水干净，铝汁用开水浸半小时后用百洁布和洗洁精擦洗干净后冲水。	5 个	百洁布、砂纸、毛巾、手套	5

表 4–2（续表）

2.2.1 个人的仪容仪表与人员清洁

星云大师曾说过：“不要小看仪表！”对个人而言，仪表是个人修养、态度的外在表现。仪表是一种心情，是一种力量，良好的仪表散播着美丽，能让人收获幸福。对员工而言，工作中良好的仪表会让他们充满激情和自信，从而能够更好地完成工作；对顾客而言，员工的仪表是该餐厅、品牌的重要组成部分，属于餐厅环境的一部分，直接影响顾客满意度的高低。

不同的餐饮企业对于餐厅员工的仪容仪表有一套具体的标准。这些标准主要围绕员工的头发、指甲、妆容、工号牌、制服、站姿、走姿等展开。我们不去探讨具体的细节，比如，员工的头发留多长合适？源全 5S 是研究环境的，研究如何让环境说话。怎样才能做好仪容仪表的管理呢？

第一，要做到相关标准、规范的可视化。很多餐厅都有一套关于仪容仪表的详细规范标准，然而这些标准通常存放在文件柜中的文件夹内，或者写在厚厚的《员工手册》中，这会导致有标准却执行不到位的情况。比较可取的做法是在餐厅的员工更衣室、休息区域、员工通道等场所将相关的标准进行可视化的张贴，让环境说话，让环境提醒大家。

第二，在当今这样一个科技时代，人们越来越离不开手机。各路商家于是利用人性的这一特点，将各种推广信息集中在一个二维码背后，消费者扫一下就能了解详细信息。餐厅做管理的时候也要跟上时代的步伐。比如在眉州东坡、海底捞这样的企业，他们把存有某些操作规范标准的二维码放在相关的操作区域，让员工在学习的过程中用手机一扫即能及时看到。比如，他们在咖啡机旁边贴上一个二维码，新员工用手机一扫即能读到整个咖啡机的使用操作流程和注意事项。同样，仪容仪表的具体规范也可以做成二维码，让员工一扫即能看到。

第三，绝大部分餐厅都会为员工定制标准制服，有的餐厅每人发两套，有的餐厅每人发三套，以便员工能够及时换洗。然而，站在顾客的角度，他们无法知道员工是否更换过干净的工作服，必定会产生一些担忧。如何让环境说话？建议餐厅为员工设计两款颜色不同的工作服，每周一、三、五让员工穿一种颜色，每周二、四、六穿另一种颜色，周日可以在公司的制服标准范围内自由着装。这样做的好处是能够用不同的服装颜色告诉顾客：员工已经换装，做到让环境说话。

整理好个人仪容仪表是进入餐饮行业的入门必修课，好的仪容仪表是工作态度端正的体现，是一个品牌的重要构成，是实现安全健康的基础。作为餐饮从业者，保持良好的清洁卫生是最基本的职业要求，尤其是厨房的工作人员。厨师的工作是直接和食品接触，不良卫生习惯产生的细菌将会直接影响食品的卫生状况，造成食材的污染。前厅的工作人员虽然不和食品直接接触，但是却影响着客人用餐所需的餐具；此外，不良卫生习惯所产生的人体气味也会影响顾客的满意度。餐厅要提供足够的工作服供员工及时洗换，并应该制定明确的个人卫生指引以做好个人卫生习惯的管理。

在我经营的餐厅，曾经发生过一件让我很尴尬的事情。一天在营运期间，我去门店，有一位老顾客悄悄跑到我面前跟我说："会长，请你关注一下某某员工，他刚才蹲下来帮我点菜的时候，他的头有很大的味道。"听完后我觉得很尴尬和难为情。原因在于该员工没有每天坚持洗头，昨天工作时流的汗水依然留在了头上，再加上没有坚持每天换工作服，使身上产生了汗味，这种味道通常自己没有觉察，但是身边的人闻着却很难受。

图4–1是南京药监局下发给所有餐饮单位厨房员工的个人卫生规范，

达 16 条之多，涉及到员工的头发、指甲、衣领、衣服、鞋子等细节，直观易懂，非常实用。餐厅就应该做出这样的标准张贴在员工的更衣室，以便员工每天上班前能够根据标准进行个人卫生情况的自检。关于工作服，建议餐厅给员工准备两种不同颜色的工作服，单号一个颜色，双号一个颜色，这样方便进行监控管理。

1. 保持身体清洁
2. 剪短指甲
3. 经常洗手
4. 勿涂指甲
5. 勿戴手表及首饰
6. 咳嗽及打噴嚏時用紙巾盖口鼻
7. 不准吐痰
8. 盖好伤口
9. 患传染病時物接触食物
10. 穿着清洁整齐制服
11. 头发扎好
12. 工厂内不准饮食
13. 保持用具良好及 清洁
14. 保持地方清洁
15. 不准吸烟
16. 將食物盖好及储放在适当的温度

图 4–1

图 4–2 是北京旺顺阁的一个亮点：每一个从专间走出来的员工，必须把围裙取下，折叠挂在指定的位置。外出办好相关事情后，再次系好围裙，然后进入专间的二进间进行双手的清洁消毒。很多人以为只要回来洗个手就够了，却没想到身上的衣服也很可能造成专间内的污染。事实上，在厨房工作的人员，应该定时进行双手的清洁消毒，比如，麦当劳就要求生

图 4–2

产操作员工每两个小时进行一次消毒，确保个人的卫生状况。

关于个人卫生，及时洗手也非常重要。究竟什么时候需要洗手？洗手的正确方法是什么？建议员工的以下情况一定要做到洗手：①每天进入厨房上班前 ②配制食物前，或者处理了生的食物后 ③如厕所后 ④抽烟、吃喝后 ⑤触摸了耳朵、头发等身体部位 ⑥处理了粪便或呼吸道分泌物 ⑦处理不洁的设备、工具、垃圾后 ⑧从事了其它可能污染双手的活动。具体的洗手标准可以参考图 4–3 指引：

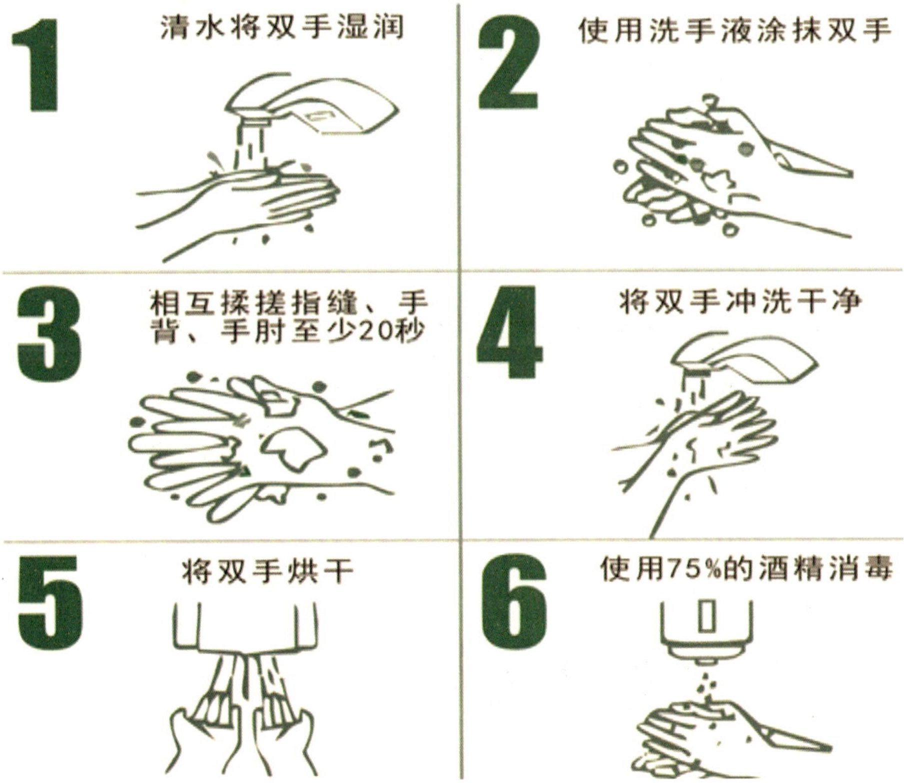

图 4–3

物品的清洁，是餐厅清洁工作的一个大的板块，清洁对象多，清洁工作量大。这就要制定如图 4–4、图 4–5、图 4–6 的具体情节流程标准。

图 4–4

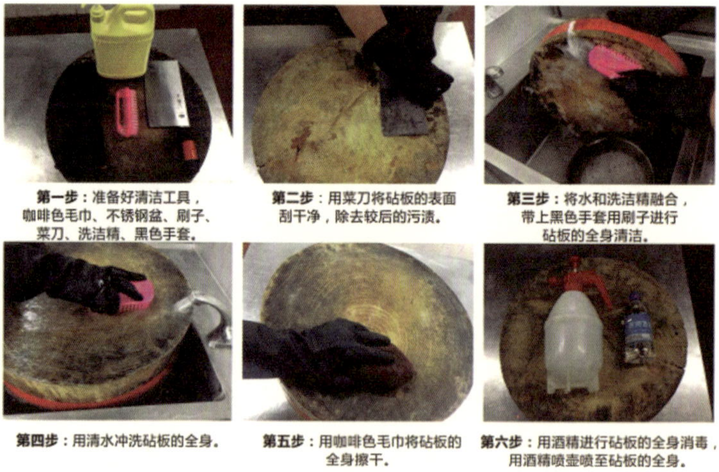

图 4–5

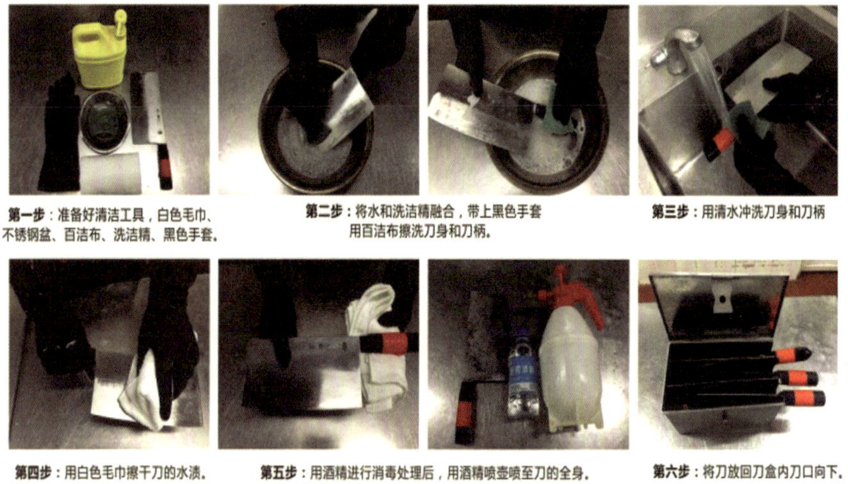

图 4-6

2.2.3 食材清洁

食材的清洁，包含了粗加工环节的菜品清洁工作，把各项菜品清洗干净。这个较为简单，需要注意的是清洗蔬菜的时候，可以往水池中放入一点臭氧，来达到杀虫的作用；另外就是洗好的菜品要做好控水，不能洗好之后马上搬运，给地面带来积水。

关于食材的清洁，需要注意的在于肉类产品的解冻。解冻是冷冻后的肉类产品，在使用之前所发生的冰晶逐步融化，肉质成分吸收水分并恢复原有结构的过程。通常解冻有以下 4 种方式。

（1）自然解冻：提前从冷冻冰箱中拿出食材，放进 0~5℃的冷藏冰箱进行自然解冻，这样的方法在食品安全和食品品质上都有保障，只是

（2）流水解冻：如果时间来不及，可以选择流水解冻，把冷冻产品放在水龙头下方，用流动的水进行解冻。不可浸泡解冻，因为随着温度的回升，可能会带来细菌的感染。

（3）微波炉解冻：利用水分子"摩擦生热"，一般加热几分钟就可以了。微波炉解冻的优点是速度快，缺点是有局部加热和解冻不完全等问题。

（4）不解冻：不经过解冻，直接进行加热。比如煮速冻水饺时，就是把冷冻的饺子直接进行加热。

2.2.4 环境清洁

环境清洁，指的就是餐厅的天花板、墙壁、地板等的清洁。以下是不同的环境清洁建议。

（1）餐厅的玻璃清洁方法

①工具用剂

· 配制：配兑浓度 1:64 借助喷瓶使用。

· 使用工具：玻璃刮和无痕棉质抹布。

②玻璃清洁步骤

· 均匀喷洒清洁剂至待洗玻璃表面；

· 用玻璃刮刮去水渍；

· 若有特别污垢用干净的抹布擦去；

· 最后的效果是透亮没有痕迹。

③注意事项

·若发现喷洒清洁剂后有雾，可能是因为清洁剂用量过多，可用抹布蘸上清水擦拭，再用玻璃刮刮净。

（2）餐厅的地板清洁

①工具用剂

·配制：配兑浓度为1:50，温水配兑。

·使用工具：棉布拖把、扫把、簸箕、刮刀、榨水车和板刷。

②清洁步骤

·放置“防滑”标志在清洁区入口处。移去地面上的椅子，将垃圾扫掉，用刮刀将地面上的粘黏物刮掉；

·准备好榨水车，灌入半车50℃左右的热水，倒入两瓶710ml的橙净；

·将拖把浸湿后榨成半干、不滴水时，用力拖地；

·在不能移走的桌椅地下拐角或当发现有不能拖去的重污垢时，用喷瓶喷洒清洁剂，用抹布擦洗或板刷刷洗；

·榨水车换成清水，清洗拖把直至洁净。用半湿拖把清除留在地板上的残留清洁剂，保障地板洁净不粘。

③注意事项

·清洗地板时务必按照从里到外、先桌后地的顺序清洁，木地板不能长时间被水浸泡；

·清洁时保持通风；

·清洁完毕后，仔细清洗清洁工具，拖把和抹布务必洗净后风干；

·使用白色棉质、吸水性好、可以脱卸的拖把，便于拆卸清洁。

（3）餐厅的桌面清洁

①工具用剂

· 配制：采用分配器自动配置，配兑浓度为 1:10 标准喷瓶。

· 使用工具：清洁抹布、过水抹布。

②清洁步骤

· 先将桌面上的杂物除去；

· 用清洁剂喷在抹布上或桌面上，将桌面擦洗干净；

· 用湿的清洁抹布将清洁剂残余和污垢残余擦净；

· 自然风干。

③注意事项

· 若客人在桌位旁时，不要将清洁剂直接喷洒在桌面上，以免清洁剂溅到或飘到客人身上；

· 抹布必须经常清洗，清洗后放入消毒桶内浸泡后方可使用。

小经验：如何做好隐蔽地方的清洁

所谓隐蔽的地方，是指那些常常被忽视的小细节、清洁死角等。餐厅里隐蔽的地方有：运水烟罩内壁、风槽出风口位置、洗手间角落、雪柜底部、电话电脑键盘、工作桌之间的缺缝、机械设备的背部等。

从保障彻底清洁的角度出发，餐厅应先找出如上所述所有相似的隐蔽地方，画出一张清洁的隐蔽地方总图（图 4–7），然后对这些隐蔽的地方进行标记，贴上特别的小符号，起到提醒员工的作用。与此同时，应明确负责人，寻找合适的清洁方法和工具。

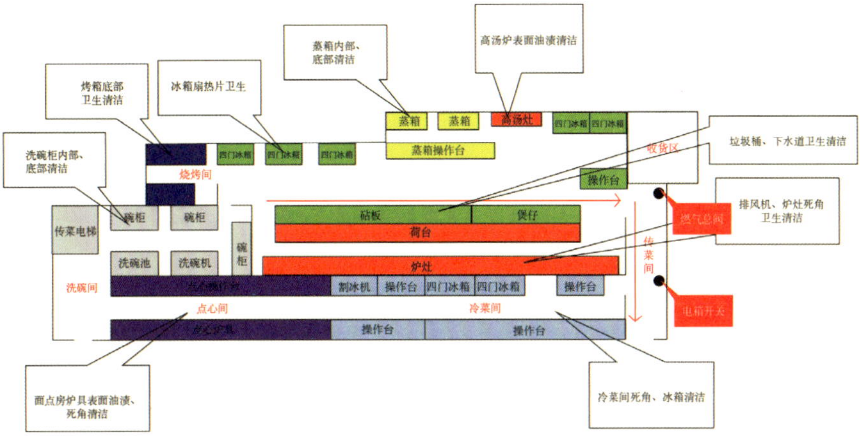

图 4–7

2.3 科学的消毒方法

进行厨房餐具用具的科学消毒是确保食品安全的重要环节。常见的消毒方法有物理消毒法和化学消毒法两大类。物理消毒法是指采取高温或电磁达到消毒的目的；化学消毒法则是使用化学用剂达到消毒的目的。无论使用哪种方法消毒，均应谨慎操作，以免给员工造成工伤或带来意外。具体的消毒方法及用途如下。

第一类：物理消毒法

（1）煮沸消毒：在 100℃的沸水中煮数分钟以杀死微生物繁殖体。本方法适用于餐具、茶具或盛放直接入口食品的容器的消毒。

（2）蒸汽消毒；常用于管道、容器设备、食品等的消毒。蒸汽消毒简便实用，效果可靠，与煮沸消毒相比，耗费的热能要大一些。

（3）巴士德消毒：将被消毒的对象放在 60~70℃的水中煮 30 分钟，常用于奶制品容器的消毒。

（4）烧灼消毒：对耐热物品用火直接烧灼灭菌，温度高，时间短，效果可靠。可用于一些铁质工具的消毒。

（5）紫外线消毒：利用 180 ~ 400 毫米的电磁辐射消毒。适用于饮食操作间的消毒。如表 4–3 所示。

第二类：化学消毒法

凉菜间紫外线消毒				
消毒用品	消毒时间	消毒标准	消毒方法	注意事项
菜墩	30 分钟	将菜墩放到荷台上方	紫外线灯光消毒	不要使用木质菜墩
菜刀	30 分钟	将菜刀放到荷台上方	紫外线灯光消毒	刀具放置刀盒内
带手	30 分钟	带手悬挂在紫外线灯管下方	紫外线灯光消毒	悬挂带手不得滴水
工服	30 分钟	悬挂在消毒区域内	紫外线灯光消毒	必须洗干净
腰斗	30 分钟	放置荷台上方	紫外线灯光消毒	腰斗朝上

表 4–3

（1）含氯消毒剂：常用的有效、方便、价廉的消毒药，如漂白粉、次氯酸钠等。在采用浸泡方式消毒时，有效氯浓度应达到 250 毫克 / 升，浸泡时长 5 分钟以上；而在采取擦拭、淋洒等方式对食品加工器具或台面进行消毒时，有效浓度应提高到 450 毫克 / 升。

（2）过氧化物消毒剂：原理是使酶失去活性，导致微生物的死亡。

特点是杀菌力强，分解快，无残毒。常用的有过氧乙酸，经过稀释后常用于生吃的蔬菜、瓜果、工具、容器、手及生产环境的消毒。

（3）醇类消毒剂：使蛋白质变性、抑菌繁殖和溶菌。性质稳定、作用较快，无腐蚀性。最常用的是75%乙醇溶液，5分钟可杀死细菌繁殖体以及结核杆菌。

（4）碱液消毒剂：用10%食用烧碱水（温水）浸泡食具、厨具，不但有去油污的作用，而且具有一定的消毒效果。

2.4 清洁的工具汇总

“工欲善其事，必先利其器”，高质量的清洁工作，离不开合适的清洁工具。就餐饮行业而言，常用的清洁工具以下。

（1）扫帚：用来清扫地面的灰尘、纸屑等垃圾。

（2）畚箕：盛装垃圾，配合扫帚来使用。

（3）拖把：将拖把浸入有洗洁精的水中，用于清洁地板的油污、水渍等。

（4）压水车：用于清洗拖把，将水沥干。

（5）抹布：用于台面、设备、碗碟等物体的擦拭清洗。

（6）高压水枪：用于地面的冲洗。

（7）木刷：用于地面的油污刷洗。

（8）玻璃刮：用于台面、玻璃的刮洗，刮干水分。

（9）小刷子：用于餐厅角落等区域的油污清洁。

（10）小铲子：用于油污的铲除等。

在进行清洁用具的管理时，最基本的原则是确保工具本身的清洁。比如，拿着一块满是油污的抹布擦拭桌子，不但不能擦干净桌子，反而会对桌子造成更大的污染。日常使用中，进行清洁工作后，应将清洁工具清洗晾晒，保持干燥。

现实中的餐厅容易在运营中积累大量的油渍污渍，尤其是厨房间。为了提升清洁的效率，还应选择清洁用剂配合使用，通常有洗洁精、洗衣粉、玻璃水等。在使用清洁化学用剂的时候，做好科学的稀释尤为重要。稀释浓度过高，会造成浪费，并对人体产生危害；稀释浓度过低，则会影响清洁效果。

2.5 清洁检查表

表格的作用代表着实践与检查，清洁检查表就是用来检查餐厅的区域卫生清洁情况。

常见的清洁检查表（表 4–4），通常从左到右是清洁的项目，比如说洗手间需要检查的项目就是镜子是否干净、灯光是否正常、洗手液是否足够、厕纸是否足够、地面是否干净等；从上到下代表着不同的检查时间点。

有这样的一个察觉，我看到很多门店的清洁检查表，员工在上面的

洗手间清洁检查表															
项目	风干机	照明	镜子	墙壁	檫手纸	洗手液	洗手盆	烟灰盅	卫生纸巾	便池	垃圾桶	地面	门锁	檀香	喷香机	负责人签字
标准 / 时间	正常运作	无损坏	光洁明亮	清洁无尘	不得少于1/3	不得少于1/2	干爽	无烟头清洁干净	不得少于1/5	无堵塞	垃圾少于3/5	无垃圾及水渍	无异常	正常运作	正常运作	
10:00																
11:00																
12:00																
13:00																
14:00																
17:00																
18:00																
19:00																
20:00																
21:00																
22:00																
小计																

表 4–4

每个格子都画上了“对勾”，整页纸都是“对勾”。我也看到有的员工最后都懒的画“对勾”，他们会在纸上画上一条大斜线，写上大大的“OK”，再签上名字。这样的表格使用，对企业的帮助是什么呢？这样的检查表有什么意义呢？浪费时间，浪费纸张，还会让洗手间显得乱七八糟，一点效果都没有。因为这样的表格根本检查不出洗手间管理得好不好，也无法检查出洗手间物料使用得是否合理。

我会把这种表格的填写方式称为“后置式”的填写，都是相关清洁负责人在检查、处理好每个检查项目后，确认没有问题后画上“对勾”。这样的操作其实对管理没有任何的帮助，看不到任何的管理问题，还会造成员工不愿意填写。正确的做法应该是“前置式”的填写，再以洗手间的检查表为例，相关人员去到洗手间的时候，应该首先检查所有的项目，先打勾没有问题的项目，然后标注需要改善的项目，比如，几点钟添加洗手液、几点钟更换卷纸等。这样做的作用在于我们每天晚上可以统计今天用了多少洗手液、多少卷纸等，然后分析今天的营业额，看所耗费的洗手间物料是否合理，是否存在洗手间管理上的机会点等。

2.6 清洁的注意事项

在餐饮企业的厨房里，每天要用很多马兜。很多企业将马兜全部送到洗碗间进行清洗。这样的操作存在两个问题：第一，会增加搬来搬去、动作流程上的浪费；第二，会造成马兜的二次污染，增加清洗的难度。正确的做法是在砧板的水池上方安装斜的层架，马兜用完后直接在砧板区域清洗，然后倒挂在层架上沥水。

很多做火锅的企业里，火锅的底锅、酱料碟、筷子等属于“肮脏的肮脏餐具”，有大量的油渍；而配菜碟、蔬菜筐则属于“干净的肮脏餐具”，本身没有多少油渍。每当客人用餐结束，离开餐厅的时候，员工收台的做法是将桌面上所有的餐具全部放进火锅底锅中，然后端进洗碗间进行清洗。这样的操作表面上没有问题，实际上却增加了清洁工作的难度，给“干净的肮脏餐具”带来了二次污染。正确的做法是在收台的时候将这些餐具分开运输。

“边做边清洁，谁做谁清洁”是开展餐厅清洁工作的一个重要方法。

什么是“边做边清洁”？无论哪个部门、哪个人，都应该在工作的同时随手做好清洁，比如，砧板的师傅切菜时，每隔一段时间要将自己工作区域的地面、桌面、刀和砧板做好清洁；每个服务员在服务客人的过程中，也应该随时做好台面、包房的清洁工作。如果把所有的清洁工作全部集中在工作结束的时候，过程中会产生安全隐患，同时还会造成工作量巨大。

什么是“谁做谁清洁”？就是每个人在工作时使用了工具、设备、工作台之后，都应该马上做好清洁，以方便下一个使用的人。比如，用拖把进行地面清洁后，就要进行拖把的清洁，不能让下一个人拿到不干净的拖把。

从安全的角度出发，尤其是在进行电器设备清洁时，一定要做好断电处理，以免造成员工触电。在清洁电器设备时，还要参考相关的使用说明，以免造成机器的损坏。

小故事：谁做谁清洁

这是发生在我身上的一个真实故事：2004 年，我和一些朋友从加拿大乘坐透明的火车前往落基山脉旅游。透明的火车有两层：上层是睡觉休息的地方，可以看到落基山脉漂亮的风景；在下层，每天有法国厨师做菜，非常好吃。在那样一个环境中，我们每天除了吃饭和睡觉之外，其余的时间都是坐在火车里欣赏沿途美丽的风景。于是短短的 10 天内我就胖了 2 公斤。

后来从落基山脉返回时，我乘坐的是从温哥华到阿拉斯加的豪华游轮。在船上最让人开心的事情是所有的美食全部是免费自助，每天晚上 9 点到第二天早上 7 点之间还有我最喜欢的巧克力无限量供应。作为一个女人，我经受不住诱惑，每天晚上都会去吃很多巧克力。然后，为了保持身材，我每天早上都会去邮轮的健身房跑步。

那时的我有些骄傲，觉得自己是“5S 之母”。身为“5S 之母”，我需要做出榜样。于是，每天跑步之前我都会带一块干净的毛巾，先把跑步机擦拭干净再跑步。跑步的时候，我环顾左右，偷看其他女性的身材。无意中，我发现这些外国女人太不讲卫生，从来不进行跑步机的清洁，于是我沾沾自喜。然而，她们跑步结束后却做了让我感到很惭愧的事情：她们跑完步后都会去门口拿一块毛巾把跑步机清洁干净之后再离开。

一时之间，我感觉特别惭愧。我做清洁是为了我自己，她们做清洁是为了下一个人。于是，我赶紧拿出纸巾，认真地把我运动时使用的设备擦得干干净净，我不能给中国人丢脸。清洁不是方法，清洁是态度。

3 维修保养

很多餐厅都存在设备故障率高的问题，这不但造成了机器设备寿命缩短、维修人员工作负荷大等一系列的问题，还增加了维修费用。这一切问题产生的根源在于平时工作过程中违规使用环境设备，或对设备缺乏有效的保养。比如，由于对冰箱缺乏日常保养，没有定期清洗滤网，使得压缩机的工作寿命缩短；没有做好冰箱门密封性的检查与保养，使得冰箱慢慢出现能耗增大、寿命缩短等问题。

由于管理中没有正确保养，维修工作量越来越大，最终导致设备发挥不了其应有的价值，这是企业里非常大的浪费。当然，如果真的出现设备故障，也不能以更换代替维修，尤其是在生命期内的设备，还是需要通过及时的维修以减少损失。综上所述，保养重于维修，保养即是节约。

如何做好保养？首先需要制定一份完善的餐厅设备保养年度计划，规划好所有的设备什么时候需要做什么样的保养；同时，各部门要各司其职，采用正确的方法做好保养年度计划的执行。

其次，我们要关注维修标准，即：当门店出现设备等硬件故障时，如何保修？如何维修？谁来维修？维修费用多少为合理？这些环节的工作流程一旦出现问题，将会造成维修效率低下，并导致维修费用增加。

再次，我们需要对设备进行定期保养，保养大于维修。保养的目标是提高设备的运作效率，延长设备的使用寿命，降低设备的能源消耗。

3.1 维修保养分类

餐饮门店日常营运过程中，如日常的保养工作不到位，就会造成设备、硬件的小故障。从保障营运的角度出发，此时需要及时的维修。根据餐厅出现故障的对象，通常可以将餐厅的维修工作分为紧急维修、计划维修和待统筹维修。

紧急维修：是指突发的设备故障，比如，突然跳闸、空调不能工作等。由于这些突发故障直接影响到餐厅的营运，影响到顾客的满意度，因此餐厅报修后，维修人员需要第一时间进行处理。

计划维修：是指那些在制定年度计划时已经规划好的项目，比如餐厅规划 8 – 10 月进行餐厅地板的更换。

待统筹维修：是指无须紧急维修，也尚未形成计划的维修项目，比如，门店发现墙壁出现一点油漆脱落等不紧急不重要的项目。这类维修工作可以待维修人员完成紧急维修和计划维修之后，再进行安排。

为何要将维修分成以上三类呢？最重要的原因是确保维修工作的高效开展，确保维修部门最宝贵的资源运用到门店最需要的地方。通常来说，如果餐厅计划维修完成得好，会减少紧急维修和待统筹维修出现的频率，从而起到保障餐厅稳定运营的作用。做好计划维修是维修人员主动工作的根本所在。然而，往往很多餐厅因为少了系统的计划维修和及时的待统筹维修，以至于每天都在处理着紧急维修，造成餐厅、维修人员的被动和混乱。

3.2 年度维修保养计划

管理的核心是计划，系统性的计划将会降低突发状况的发生率，从而帮助企业减少因突发状况产生的损失。

为了更好地做好餐厅的维修保养工作，公司的工程部需要根据每家门店的实际情况以及餐厅内的设备实际使用情况，制定年度维修保养计划，明确餐厅维修保养的项目时间、维修人员等。

比如，一家经营 5 年的餐厅，客观上会存在硬件老化、效率低下的情况。这种情况下，工程部需要根据紧急和重要的程度制定餐厅的维修保养计划，如 3 – 5 月进行所有天花板的维修，5–6 月进行餐厅的电路维修更换，9–10 月进行墙壁的刷新等。提前制定维修计划是为了避免突发紧急维修状况，给门店造成营运混乱和障碍，给维修人员造成较大的工作压力。

餐厅的设备保养同样如此。哪些需要每年保养一次，如餐厅的招牌保养；哪些需要每半年保养一次，如抽油烟机的马达保养；哪些需要每季度保养一次，如油烟管道的清理；哪些需要每月保养一次，如餐厅的中型设备，像炉灶、空调等；哪些需要每周保养一次，如冰箱的压缩机、过滤网等；哪些需要每天保养一次，如下水道的清洁等。每家企业的情况不同，需根据企业自身的实际情况制定计划。如表 4–5 所示。

门店设备维护和保养的计划表													
保养项目	保养日期												保养单位
	1月	2月	3月	4月	5月	6月	7月	8月	9月	10月	11月	12月	
沙发				√				√				√	区域
消毒柜	√	√	√	√	√	√	√		√	√	√	√	门店
割冰机	√	√	√	√	√	√	√	√	√	√	√	√	门店
羊肉机	√	√	√	√	√	√	√	√	√	√	√	√	门店
招牌			√			√			√			√	门店
排风扇		√		√		√		√		√		√	区域
空调		√		√		√		√		√		√	门店
电脑风扇						√						√	门店
幕风机	√	√	√	√	√	√	√	√	√	√	√	√	门店
油烟机			√			√			√			√	供货商
冰箱			√			√			√			√	门店
隔油池	√	√	√	√	√	√	√	√	√	√	√	√	门店
调料台	每天餐前餐后												门店

表 4–5

有了表 4–5 之后，就可以根据实际情况，把所有的维修保养工作安排到不同的月份中，做到维修保养工作一目了然。

3.3 维修保养流程和 P 牌

餐厅在执行维修保养工作落地的时候，其中一项重要的工作是每天的例行检查。作为服务、生产区域的负责人，每天在营业前、营运过程中和营运后都需要检查设备的运转情况，判断设备的运行好坏，及时地进行报修，避免营运受影响。

如何对设备进行检查？简单点来讲，可以凭借感官来完成，即：看、听、闻。

看：看设备有无出现外部的损坏、有无出现其他物品造成设备运转障碍，比如，要看空调有无出现滴水，看冰箱的顶部有无其他的杂物影响散热等。

听：听设备的运转有无出现杂音，听设备启动有无出现异响，比如听冰箱有无出现超负荷运转的声音等，听设备运转有无出现螺丝松动的异响等。

闻：闻有无出现异味，比如炉灶区域有无嗅出煤气的气味，确保接口完好；闻冰箱内有无食品变质变味，从而判断冰箱设备是否出现制冷故障。

餐饮门店的检查工作存在着任务量大的特点。为了提升工作效率，餐厅还需要制定每日检查的重点项目，以确保门店运营的稳定。这些每日重点检查的项目更是餐厅安全健康的关键。举例如下：

（1）闻厨房炉灶区有无燃气 / 油烟味道，判断排烟效果是否良好。

（2）看燃气、自来水管路有无出现跑、冒、漏、滴的现象。

（3）看炉灶设备运行时，是否有回火、火力不稳定等现象。

（4）检查冰箱的制冷情况。

（5）检查喷淋等消防设备是否运转正常等。

为了做好维修工作的目视管理，餐厅可以使用图 4–8 的 P 牌。在门店值班经理每日值班时，在检查出需紧急维修的地方挂上红色牌子，在当日计划维修的地方挂上蓝色牌子，在那些待统筹维修的地方挂上黄色的牌子。这样操作以后，维修人员到餐厅之后就能进行维修的先后排列，确保高效管理。

图 4–8

4 清洁——关注的环境

4.1 洗碗间管理

通常在餐饮门店，洗碗工和传菜员是比较难招聘的两个岗位，洗碗和传菜成为年轻人越来越不愿意从事的工作。因为这两个岗位工作量大、工作辛苦，最主要的是没有什么发展的空间与机会。但是这两个工作岗位又特别重要。如洗碗间，所有客人用的餐具都必须经由洗碗间的工作人员进行清洗消毒，洗碗间也是确保餐厅食品安全的一个重要地方。

因此，设计出好的洗碗间、传菜口就显得尤为重要。

（1）从效率的角度出发，建议餐厅选择使用洗碗机。一台中型的洗碗机，每 2 分钟可以洗好一筐餐具，每筐餐具约为 30 件左右，即一个中型的洗碗机一个小时可以洗 900 件餐具，效率非常高，可以节约人员。洗碗机洗碗过程中还会依次进行消毒和干燥，从而保障了餐具的清洁卫生。

很多餐饮企业会说洗碗机不好用，原因是药监局规定餐饮门店洗碗间要有“一洗二清三消毒”的水池设计，如果有洗碗机，则洗碗间不太好规划。事实上，根据药监局的要求，餐厅可以设计出“一洗二清三消毒”的水池，其实这也是餐厅营运中所必需的。不是所有的东西洗碗机都可以洗，那些异形的餐具、用具等还是需要手工清洗；另外，也不能为了洗一个碗就要打开洗碗机一次，这样更加浪费能源。在大部分时间，水池上面可以加盖作为洗碗机的轨道，不会对洗碗间的布局造成多大的影响。

还有一些餐厅觉得洗碗机洗碗不干净。为什么会洗不干净？那是因为，餐具回收到洗碗间之后没有及时地进行清洗，放置的时间超过两个小时餐具上的汤汁就会变干，变得难以清洗。正确的操作方法是洗碗机一旦开机后就不能频繁地开机／关机，否则会影响到洗碗机的使用寿命（每隔一个小时可以停机一次进行保养）。因此，每当餐具回收到洗碗间的时候，需要立刻有人负责进行脏餐具的分类，有人负责进行洗碗机的操作，有人负责进行洗好餐具的码放。这样才能确保餐具在洗碗间不会有太长时间的停留。

（2）从安全健康的角度出发，洗碗间容易造成二次污染。为此，所有碗碟放置在洗碗间的时间不能超过 1.5 个小时，洗干净的餐具更不能在洗碗间停留。餐厅运营时须避免出现洗碗工抱着洗好的餐具送回厨房的情况，因为这将会把很多的肮脏物带到厨房干净的区域。

在设计洗碗间的时候需要考虑到餐具的进口和出口分开，在出口的地方要确保厨房工作人员能够方便地取走餐具。比较好的一种设计是在洗碗间设计一个两边都有门的碗柜。碗柜的一边是洗碗间，另一边是厨房，平时碗柜两边的门都关好。当洗碗间有碗碟洗好后，只需打开碗柜门，将碗碟摆放好，然后关上门即可。另外一边的厨房会根据实际的需求及时取走碗碟。

动动手：根据以上的要点，尝试用“机人物法环检”写出洗碗间的管理方案。

4.2 粗加工间管理

粗加工区域也是餐饮行业比较难管理的区域之一，普遍存着脏乱差的现象。我去很多餐厅做辅导的时候，都会看到大家把当天采购的食材，如肉、鱼、鸡、蔬菜等都倒在地面上，这会带来食品安全的隐患（如图 4–9）；工作结束的时候，他们会直接把水冲在地面上，造成整个下水道堵塞；粗加工的过程中没有操作标准，存在着大量的食材浪费，出成率低下；在粗加工管理上，还存在工作效率低下，没有明确的工作开始和结束时间等问题。

图 4–9

也有做得比较好的企业，如前文提到的西安旺顺阁。我 18:15 到达门店的时候，发现粗加工已经完成所有的工作，清洁卫生已经做好，灯已关上，门已锁好。南京真知味的管理也非常棒，每天粗加工的工作人员都会把需要进行粗加工的蔬菜进行称重，核实是否达到出成率。

由此可见，粗加工管理水平关乎企业的资源增值和安全健康。为了更加科学地做好门店粗加工区域的管理，需要从机、人、物、法、环、检制定管理的制度，以下思路供大家参考。

（1）机：制定每天粗加工负责进行菜品加工的清单，明确粗加工区域员工的工作范围。有了工作任务清单后，还需要有明确完成的时间标准，比如，加工一条鱼需要多少工时，加工 10 斤肉需要多少工时等，以确保人员效率的管理。除此之外，还需要制定每一食材粗加工的出成率是多少，比如，100 斤的蔬菜粗加工后有多少半成品。

（2）人：粗加工区域的定编人数有几个人，可以和哪些部门兼岗，做出明确的人员架构图，没有职位，只有岗位。明确了人员以后，还需要明确谁是第一负责人，谁是第二负责人，明确每个人的工作职责分别是什么。

（3）物：粗加工日常工作的“一套工具”有哪些？如菜筐、刀、砧板等，这些工具数量是多少？如何存放？如何进行颜色分类？

（4）法：粗加工区域如何进行颜色管理？每款食材的加工流程如何？如何进行食材、区域和工具的清洁消毒等

（5）环：粗加工区域的地面如何保持清洁？货架如何进行整理、存放等。

（6）检：粗加工工作完成的时间效率，出成率是多少？

动动手：尝试写出您企业的粗加工间管理制度。

4.3 工程部管理

在源全 5S 体系中，设备的维修保养是 3S 清洁中的重要内容之一，做好工程部的管理则是保障 3S 运行的关键要素之一。工程部的管理制度有以下几个重点。

（1）机：首先需要设定年度的维修保养费用预算，费用的多少需要根据门店面积的大小和经营的时间确定；然后制定年度维修保养计划，

明确每家门店、每个月的维修保养工作计划。

（2）人：明确哪些工作是由内部人员完成，哪些工作是由外部人员完成，餐厅的维修保养工作由谁验收等。要明确所有维修保养人员的清单和联系方式。除此之外，为了保障维修保养工作的高效，还需要有企业所有设备、相关零配件的供应商名录。

（3）物：根据实际情况配备维修保养的“一套工具”，如扳手、螺丝刀等。所有的工具都必须处于良好的待使用状态中；此外，还要准备一些常用的零配件，如灯泡、空气开关、水龙头等。

（4）法：做出门店报修的流程、维修的P牌制度以及餐厅重要设备的维修保养指引，目标是让门店的管理者懂得如何保修、如何验收以及一些基本的小维修保养工作，如更换灯泡、更换清洁空调的滤网等。

（5）环：工程部要有餐厅的平面图、水电煤管道平面图、天花平面图等，目的是供紧急维修时参考。比如，当餐厅出现煤气泄漏时，如果大家都不知道煤气总开关的位置就会非常危险，这时煤气管道平面图的作用就是帮助大家找到煤气总阀的位置。

（6）检：餐厅需要根据“维修保养工程验收单”进行每一次的相关工作评估，工程部每季度需要反思年度计划的完成情况，并核算实际的费用是否达到预算的目标。

动动手：尝试写出您企业的工程部管理制度。

4.4 洗手间管理

洗手间是餐厅的整体构成之一，洗手间的管理水平反映着企业管理水平的高低。然而，很多餐厅都存在洗手间管理不到位的问题，没有明确的负责人，没有合理的清洁消毒制度，客人进入洗手间后无法落脚，这将会影响到顾客的满意度。

试想一下，当客人来到一家餐厅用餐，从进入餐厅到买单整个过程都非常顺利，其中还有一些感动服务的小惊喜给客人。但当客人在离开餐厅前进入洗手间，如发现洗手间脏乱差，那么顾客对餐厅的整体印象分一定会降低。

从提高客户的满意度以及餐厅的管理而言，餐厅的洗手间管理者应思考以下问题。

（1）洗手间的大小，即：洗手间面积占餐厅总面积的比例。原则上洗手间的面积占餐厅总面积的比例不能大于 5%。设计餐厅时，要考虑餐厅的客流量、周边有没有其他洗手间等因素。

（2）洗手间的位置：洗手间是餐厅的肮脏区域，因此不能和厨房直接相邻。洗手间要有明确的指示牌，确保客人能方便地找到。

（3）在洗手间的设计和后期维护过程中，要定期评估通风和排水。这两点如出现问题，很容易使洗手间产生异味。

（4）从安全的角度出发，洗手间的灯光应保持足够的亮度，地面要选择防滑的材料。此外，洗手间清洁时要有安全提醒标志，避免客人在洗手间滑倒。

（5）制定洗手间清洁机制，明确清洁与保洁的标准。餐厅要安排保洁人员每隔一段时间完成一次地面、洗手池、洗手液、卷纸的检查；洗手间的负责人或餐厅的当班值班经理需要进行洗手间卫生情况的抽检，保障客人的正常使用。

（6）为了维持餐厅的形象，建议餐厅的客用洗手间和员工洗手间分开。因为我们的员工身着工作服，客人很容易分辨出来。如果有员工不按规范洗手、不洗手或说出一些不合适的话的情况，一定会影响客人对餐厅的整体印象。

动动手：尝试写出您企业的洗手间管理制度。

4.5 清洁：会说话的口号

简洁就是美

边做边清洁，谁做谁清洁

检查从天花板开始，从地面收货

清洁检查表是前置不是事后做

厨房生产时段不能用拖把 (会带来污染)

第五章

4S——标准

标准原意为“目的”，也就是“标靶”。伴随着一步一步的衍生，后来在国际标准化组织（ISO）中给出的定义是：标准是由一个公认的机构制定和批准的文件。

1 标准——概述

现如今，经验式的管理方法已经无法满足企业生存与发展的需求，因为它无法让企业处于稳定的发展状态，也无法保障顾客的期望值。因此，实施标准化的经营和管理对企业来说尤为重要，因为只有稳定了才能谈发展。那么，什么是标准？什么是标准化？

标准原意为“目的”，也就是“标靶”。伴随着一步一步的衍生，后来在国际标准化组织（ISO）中给出的定义是：标准是由一个公认的机构制定和批准的文件。它对活动或活动的结果规定了规则、导则或特殊值，供共同和反复使用，以实现在预定领域内最佳秩序的效果。标准化就是制定、发布和实施标准的过程。

对于餐饮企业而言，标准化就是企业的经营层和管理层制定的一系列文件，内容包含了企业门店日常服务、生产等工作开展的具体流程、步骤、方法和参考指标数值等，这些文件供企业门店使用，保障各门店在公司的战略规划牵引下达成最大的效益。管理的标准化就是将已有的经验变为科学化、数字化、可视化的过程。

在源全 5S 系统中，标准是对前三个 S 的固化，将整理、存放和清洁进行科学化、数字化和可视化的过程，让企业里越来越多的个人懂得如何操作前三个 S，它是一个从一人会做到多人会做、从一店会做到多店会做的过程。在源全 5S 系统中，除了要完成以上三个步骤操作的标准化，我们还将重点探讨企业有哪些资源增值和安全健康的标准化，这将会让门店在资源和安全方面得到如“乘法”般的提升。因此我们说标准是一个“乘法”的过程。

2 标准——资源增值

从餐饮门店的资源增值角度出发，标准主要是指企业开源节流的方法、流程、步骤等。

近些年来，随着 中央“八项规定”等相关政策的颁布，很多餐饮企业都步入了寒冷漫长的冬季，营业额下滑，利润下滑，经营者苦不堪言。然而令人不解的是，许多餐饮企业管理者面对客观的挑战和压力时，只是一味抱怨，逆来顺受，却没有积极地寻求自我突破，没有从自身寻求到开源的机会。源全 5S 的“源”是指“资源增值”，在开源这个部分，我们会研究如何通过对现有的环境、人力资源、机器、物品、流程等的优化，并将优化的细节变成门店更多人遵循的标准，让企业实现营业额提升、效率提升的目标。值得强调的一点是，我们谈的“开源”一定是基于现有资源而做的开源，不能有额外的成本、费用产生。

对企业，尤其是微利的餐饮企业而言，赚一块钱非常不容易，而浪费一块钱却是再简单不过的事情，故节流的意义重大。在源全 5S 的标准中，我们也会从门店现场的环境、人力资源、机器、物品、流程和能源等中找到节流的方法，形成标准化，用以指导门店的营运。节流，一定要做合理的节流，不能影响顾客的利益。

2.1 环境增值

每一寸土地都要有使命！随着租金成本越来越高，经营者需要把餐厅的每一寸土地都用到极致，创造出更多的产值。环境增值的方法有很多，通常可做以下几点。

（1）一铺多店：空荡的大厅坐着零散几桌客人，这是很多大店经营不善的表现。门店面积过大，营业额低下，月度环境产值低下。遇到这种情况，可以思考衍生出一个副品牌，把大店进行分隔，变成两个店、三个店，综合提升环境产值。

赤峰金帝酒店在进行源全 5S 落地管理时，就利用现有的厨房资源和多余的酒店大堂区域，新增了一个川小馆和一个湘小馆，给客人更多的选择，提升了企业的营业额。

（2）增加座位：营业额的高低也取决于餐厅餐位数的多少。餐厅的经营者在设计餐厅时，要根据客人平均使用餐具的数量，进行合理的餐位面积设计，在不影响客人满意度的前提下，实现餐位数的最大化。通常快餐企业可以保持 1.1 平方米 / 餐位，如餐厅的面积是 200 平方米，就可以布局 $200/1.1 \approx 182$ 个餐位。建议企业可以对现有门店的面积和餐位数进行分析，找到合理的餐位大小。

增加座位，还可以从另一个方面考虑。有的餐厅会设计过多的包房，但是中午或者工作日的晚上包房的上座率低下，而大厅又有排队的现象，这个时候可以考虑对餐位进行灵活的调整，比如，把包房大桌撤走，放几个小桌子，也能达到增加餐位数的目的。

（3）更改环境的用途：当餐厅的走道过多，空间过大，装饰和存储空间过多时，就可以考虑对面积进行合理规划，把多出来的面积用作其他用途。比如，很多餐厅都会把过多的装饰空间调整成蔬菜的水培基地。

（4）减掉多余的环境：根据源全 5S 系统，500 平方米以下的快时尚餐厅，不需要单独的仓库、收银台、办公室，只保留这些功能即可。

传统的餐厅收银台设计，都是把收银员围在吧台里，很多时候无法兼顾外面客人的需求，本身的工作又始终是一个等待的过程，浪费人力。其实，可以在餐厅设置收银柜，取代传统的收银台。

木屋烧烤深圳皇岗店（如图 5–1），就是把前厅的收银、物品收纳、酒水储存、热水供应等功能全部整合在一起，规划出一个大柜子，这就是前厅“一站式工作站”设计。

图 5–1

2.2 环境宣传

源全管理系统是门店的现场管理，追求的是“环境会说话”。环境开源这一部分研究的就是如何通过现场环境的优化，让顾客在走入餐厅的同时，能够与环境进行互动，增加顾客对企业文化、特色产品的认知，从而增加企业的营业额，实现开源的目标。

结合餐饮行业的实际情况，通常可以从以下5个方面进行环境开源。

（1）店内宣传：店内营销做的是无处不营销的角落文化！比如，在餐厅的入口处、等候区设计并张贴企业品牌故事的海报，在餐厅内做企业招牌菜品的展示，在门店内摆放多媒体广告机滚动播放企业的推广信息，还可以在餐厅入口处摆放仿真菜品等，帮助企业在营运中增进与客人的互动。在对餐厅进行装修设计时，还可以将企业的品牌元素直接设计到墙壁的装饰中，让客人与餐厅产生更多的共鸣。

（2）商圈广告：餐饮门店最好的营销是商圈营销，因为80%的客人都来自餐厅周围300米的范围之内。商圈广告就是在商圈内做足够多的广告招牌，增加门店的能见度，使餐厅的信息覆盖所有的顾客群，成为商圈内的绝对明星。在做商圈营销的招牌时，要把精力集中在客群分布最多的地方，这样才能将客人引导到门店消费。常见的商圈营销有灯箱、电梯门、手扶梯、中庭吊幔、户外logo墙和道旗，原则上这些广告一定要安排在主要客群的主要动线上（如图5-2、图5-3、图5-4）。

图 5-2

图 5-3

图 5-4

（3）线上宣传：在如今的互联网时代，网络已经成为人们生活和工作不可缺少的一部分，网络平台成为消费者选择餐厅的重要渠道，也是消费者完成用餐过程不可缺少的一部分，同时还是消费者进行用餐体验交流的重要平台。企业通过互联网媒体营销时，重要的是要具备与线上顾客实时互动，将流量变现的运作能力。

在互联网做宣传，不是简单的网络广告投放，而是要能够与客人进行互动。湖南长沙知名企业“食在不一样”就将互联网营销做到了极致。这家餐厅里卖的饮料是酸梅汤，有段时间，他们发现饮料的销售占比非常的低（饮料的毛利高，通常可用来拉高整体出品的毛利率）。如何改变这一现状呢？通过开会讨论，他们拿出这样一个方案：在餐厅的自媒体平台上发布“征稿令”，邀请广大消费者为“酸梅汤”起个名字、写个故事，凡是参与的顾客都将得到餐厅回馈的一个小菜，最终被采用者还会有更多福利。这个“征稿令”发布后，餐厅收到近千份投稿，最终一位大哥的故事被采用。故事的梗概是：在一个阴雨天，一个男孩漫步雨中，不经意间抬头，发现前面那个女孩正是他多年前暗恋的“女神”，心中涌上一丝甜蜜。带着这种窃喜的心情，男孩害羞地低下头继续前行；然而，当他再次抬头时，心中顿觉酸酸的，原来她的旁边多了一位男士，两人共撑一把雨伞。酸梅汤的味道是酸酸甜甜的，“暗恋”这个名字简直再合适不过了。产品更名后，得到了年轻女消费者的青睐，大家都想点一杯“暗恋”尝尝，从而带动了饮料的销售占比。

（4）户外媒体：通常是通过公共交通运输的载体进行企业的信息推广，如公交车身广告、地铁内部扶手广告等，其优点在于传播网络大，覆盖人群广，能够较为快速地提升品牌的知名度和影响力。香港的大街上，我们看到，几乎每辆公交车都有一个大大的移动车身广告；早些年，望湘园在上海发展时，也是在上海几条主要线路的公交车上做广告，使得品牌影响力短时间内迅速得以提升。选择做户外媒体广告时，同样也需要将广告投放在主要客群所在地，提升广告的效果。

值得注意的一点是，很多企业都有自己内部的运输车，它们会在车身上展示企业、品牌的元素（如图 5–5）。这个时候就要求驾驶员遵守交通法规，不可以随意变道、加塞等，因为人往往会“迁怒”，把对乱开车的这种怒气转移到企业，给企业带来负面影响。

（5）借力：企业出版的内部刊物，把企业品牌故事、文化、特色产

图 5-5

品、分店信息等在刊物上进行连载。此刊物供企业内部员工阅读，同时也馈赠顾客，这样就很轻松地实现与顾客的互动，让顾客更加了解企业信息。

企业前行的过程，是一个经营数据积累的过程，更是一个文化形成的过程。每个企业可以考虑定期出版一些读物，让消费者更加了解企业的文化与产品。比如，眉州东坡酒楼著有“东坡味道”（如图 5-7），罗列了企业发展史上的经典菜肴，冠以“东坡”开头的名字，辅助自创小故事的描述，为顾客提供用餐外的满足感。

图 5-6

2.3 人员增值

餐饮行业是一个人服务人的行业，人是企业重要的构成。

然而很多时候，我们却发现部分餐厅因为培训不到位，用人不当，服务员不能与顾客进行良好的互动，从而失去了很多潜在的营业额。没有经过培训的员工往往是企业最大的“杀手”，他们会使得很多顾客不愿再次光顾。举一个简单的例子，在很多餐厅，当顾客问服务员餐厅的特色菜品是什么，或者关于某一道菜品的信息时，服务员很有可能无法给出令顾客满意的答复，这自然就失去了顾客的青睐。

因此，人员增值首先要做的就是增加员工的专业培训，让每一位员工都能把企业的品牌故事、核心菜品以及每一道菜品的特点为客人做一分钟的介绍，从而增加客人选择的机会，达到开源的目的。

此外，餐饮企业还应注重增加门店人员和社区的互动，提升企业的品牌，最终提升营业额。湖南的一家企业做得就非常好，他们会定期安排资深的优秀厨师走进百年老校，向学校里的老师、职工、学生介绍中国的餐饮文化、中国八大菜系的发展历程、自己企业的文化菜品等，让更多的人了解到这一家企业，自然而然，人们选择在这家餐厅用餐的几率就会大大增加；湖南另外一家企业的经验也值得借鉴——在企业内部举办吃生蚝大赛，获奖的顾客可以去韩国旅游，并且参观他们的海鲜养殖基地，回国后帮企业做宣传，同样做到了人员增值；还有东北大庆的一家企业，每当油田公司举办大型活动时，都会请这家企业去做服务，所有服务员都有详细的流程指引他们在做好服务的同时做好企业的宣传推广工作，展示企业的形象，提升品牌知名度和美誉度，实现人手开源的目标。

同时，我们也注意到中国厨师长和外国厨师长的区别。中国的厨师长都是在厨房里挥汗如雨，而外国的厨师长通常会穿着干净的衣服，戴着高高的帽子，到客人的用餐区，跟客人打招呼，询问客人的用餐建议，或者进行酒水、点心的推荐，用专业的力量去做产品的推荐，这就是人员增值。

2.3.1 人员节流

人力成本是餐厅的四大可控成本之一。事实上，随着社会的发展，持续增长的人力成本已成为较多餐厅面临的一个非常大的压力，因此，做好餐厅的人员节流尤为重要。

谈到人员节流，比较有效的方法就是打破原有的一人一岗，做员工的通岗培训，然后按照营业额的高低进行排班。比如，在麦当劳餐厅，生意繁忙时，它会在汉堡工作站安排三个人，一个人烤面包，一个人做汉堡里的煎肉，一个人做蔬菜和出餐工作；生意不忙时，只用一个人就能全部搞定——先把面包放进左边的烤箱里，然后把肉放进煎炉里，再转身处理生菜。一分钟后，把面包翻边，再把肉翻边，然后处理配料，最后组合到一起出餐。这样的安排减少了餐厅低峰时的用人数量。

在餐厅的组织架构中，有每天在门店一线直接为客人提供服务的服务员和管理者，还有很多为一线伙伴提供支持的部门，比如，工程负责人、人事负责人、财务负责人等。考虑到实际的工作量，餐厅无须每家门店都安排专人，完全可以做到 3 个人负责 4 家门店，比如，3 个维修人员负责 4 家门店，3 个财务人员负责 4 家门店，这样就能做到后勤支持人员的节流。

在体验经济时代，顾客去到餐厅用餐也希望能够有更多的互动环节，让自己参与其中，从而留下更多的记忆点，而不是完完全全被服务员服务，完成整个用餐过程。从这一点出发，餐厅可以让顾客自己完成某些服务，比如，过去都是人工安排顾客排队等位，现在则可以让顾客在机器上完成，不仅顾客觉得好玩，餐厅也节约了人力成本。再比如，在餐厅的入口处，可以设计一个餐具的消毒处，让顾客自己去取餐具，体验到整个餐具的清洁卫生工序，同时餐厅也节约了摆设餐具的工时，节约了人手。

以上只是几个简单的例子供大家参考。针对人员节流，不同的餐厅会采取不同的方法。不过，需要强调一点，人员节流不能影响到顾客的满意度，更不能因为节省成本而造成服务品质下降。

2.3.2 人员节流的步骤

餐饮门店在实施人员节流的时候，为了确保员工的利益与企业的正常运转，有以下 5 个重要的步骤。

（1）第一步：定编、定岗、定位（如表 5–1 所示）

定岗定位				
部门	序号	职位	人数（12 年 /13 年）	部门人数（月平均 /12/13）
楼面部	1	经理	5/4	26/23/22
	2	助理	5/5	
	3	服务员	22/15	
	4	吧员	4/3	
	5	钟点工	2/6	
后勤部	6	经理	1/1	15/11/8
	7	收银员	3/1	
	8	助理	1/1	
	9	保安 / 门卫	3/3	
	10	仓库	1/1	
营业部	12	经理	1/1	11/13/8
	13	助理	1/0	
	14	点菜员	0/0	
	15	迎宾员	6/4	
传菜	16	经理	1/1	
	17	传菜员	17/18	
保洁部	18	经理	1/1	
	19	保洁员	9/7	
海鲜部	20	经理	1/1	5/5/3
	21	助理	1/1	
	22	海鲜工	10/8	

表 5–1

了解清楚一家门店现有的人力架构，根据餐厅的部门、岗位、工位进行人员分类，统计每个岗位的人员配备数量。这个过程非常简单，当人员架构梳理完毕，往往能发现很多不合理之处。

（2）第二步：找出峰值、平值、谷值

罗列每个岗位人员一天的工作内容：从早到晚的工作有哪些、每项工作的工作量是多少、需要多少工时、需要在什么时候完成等，有了这些信息后就可以分析出每个岗位人员一天中什么时候处于峰值(最忙碌)、平值和谷值（最不忙碌）。

每个岗位由于工作内容不同，在服务流程中参与的时间也不尽相同，所以，每个岗位都要画出自己的“峰平谷曲线图”（如表 5–2）。

保安部工作安排	
7:00–15:30	
7:00-8:30	打卡处岗位职责
8:30-9:00	员工饭堂看饭
9:00-10:00	在打卡处帮中厨摘菜，留意同事上下班打卡和外来人员
10:30-11:00	吃饭
11:00-12:00	员工饭堂看饭，留意员工餐具的数量和浪费现象
12:00-13:30	二楼大厅给热水壶冲水和更换下拦车
14:00-15:30	在三楼厅房收脏家私和更换下栏盆并拉到洗碗间
14:00–23:00	
14:00-16:30	在打卡处折席间，留意外来人员
16:30-17:00	吃饭
17:00-18:00	员工饭堂看饭，留意员工餐具的数量和浪费现象
18:00-19:00	在打卡处折席间，留意外来人员
19:00-20:30	在三楼厅房收台和更换下栏盆并拉到洗碗间
20:00-21:30	在打卡处折席间，留意外来人员和员工上下班打卡情况
21:30-21:45	吃宵夜
21:45-23:00	在打卡处折席间，留意外来人员和员工上下班打卡情况
备注：如有人休息，只做 7:00–15:30 的工作	

表 5–2

（3）第三步：兼岗、并岗、撤岗

基于上一步分析的岗位“峰平谷曲线图”，就可以进行两个岗位的人员整合，当一个岗位处于谷值的时候，就可以安排员工到忙碌的岗位做支援。

比如，餐厅的仓库保管员每天早上工作最为繁忙，需要进行大量的货物入仓整理，接待各部门领货领料，这时为峰值阶段。然而在11–13点间却没有太多的工作，处于谷值，这个时候恰好是传菜的峰值，于是就可以安排仓库保管员在这个时间段到传菜部协助传菜，平衡传菜工作。

在做岗位的兼岗、并岗时，需要注意以下几个原则。

A. 岗位能力的培训：提前对员工进行通岗培训，即员工不仅有自己第一岗位职责的培训，还要有第二、第三岗位职责的培训，确保兼岗后的效果。

B. 就近原则：在营运过程中，很多高峰期持续的时间不是很长，这就要求内部岗位安排要具有短途、调配灵活的特点，做到快速反应，快速调整。

C. 安全原则：两个不同的岗位，有的工作环境接近，比如，点单员和收银员；有的工作环境有着天壤之别，比如，洗碗工和收银员。这时，一定要本着安全生产的原则，比如，让洗碗工去支持传菜的时候，一定要求洗碗工换好衣服，整理好个人的仪容仪表后再进行传菜工作，确保食品安全。

（4）第四步：优化薪酬

上一步中由于重新调整了岗位工作内容，虽说为门店实现了人员节流，但其实无形中也增加了剩余员工的工作量。

此时如果不去关注员工的利益，就会让员工感觉工作负荷太大，为此企业要进行合理的薪酬优化。通常可以把省下员工工资的一半平分给其他员工，另外的一半企业作为其他经费。

$$\frac{5人总工资}{5} \times \frac{4}{3} = 个人平均新工资$$

例：设5人为一组，总工资为¥21000

$$\frac{21000}{5} \times \frac{4}{3} = 5600$$

则个人平均工资由¥4200变为¥5600

5人任务，3人完成，付4人工资

图 5–7

图 5–7 是海底捞的做法，把以前 5 个人的工作，分配给 3 个人。节约出 2 个人的工资，其中 1 个人的工资分配给 3 个工作伙伴，另一个人的工资作为企业的利润。企业得到了好处，同时，员工的平均收入也从 4200 元上升到 5600 元，对员工也是好事。我们要相信，好的员工一定会通过努力工作，实现更多的自我价值。

⑤第五步：人均产值架构图

根据优化后的情况，重新绘制餐厅的人力资源架构图，重新罗列岗位、部门和人员，标注清楚兼岗、并岗和撤岗的情况，并核算出每个部门的人均产值，方便日后管理。

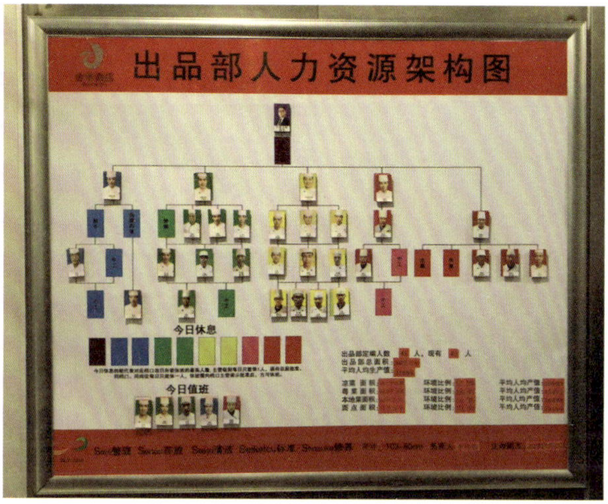

图 5-8

图 5-8 是赤峰金帝酒店人员调整后的组织构架图，既能灵活地反映岗位调整后的人员变化情况，又能清晰地监控用人数量、人均产值等指标。

2.4 物品增值

很多企业存在这样一种现状：花高价买回来的贵重设备，生产出来的产品销量却不高，没有做到设备使用价值的最大化。遇到这种情况，在研发产品的时候就要思考：如何能够提升机器设备的利用率？

表 5-3 是徐记海鲜所做的一个反思。他们为了做烧鹅，买了一台万能蒸烤箱，此设备一个小时可以生产出 6 只烧鹅，一天可以开机 10 个小时，一天的产能是 60 只烧鹅。然而，实际营运中他们发现，这台机器实际一天只开机 2 个小时，这样一天就有 48 只的烧鹅产能是浪费的。怎么办呢？经过讨论，他们决定加强烧鹅的宣传力度，提升烧鹅的点击率；同时对

烧鹅外卖进行促销，争取让客人用餐时吃一只，然后打包一只带走。

生产仪器的产能 / 产值 / 产量											
序	仪器（名称）	制作菜品	单位	机械每小时产能（固定功率）	机械的满负荷时间（小时）	机械的实际运行时间（小时）	产品单价（平均值）	每日产能	每日产量（实际生产量）	每日产值（元）单价 * 产量	落差每日产能 - 每日产量
1	万能蒸烤箱	深井烧鹅皇	只	6	10	2	272	60	12	3264	48
2	绞肉机	肉沫	斤	40	12	0.25	11	480	10	110	470
3	制冰机	/	斤	-	-	-	-	0	0	0	0

表 5–3

基于这样的一种思维，连锁企业在进行门店投资时，对于贵重的辅助生产设备，如万能蒸烤箱、冷库等，不需要每家店都做投资，以免造成不必要的资金和空间浪费，可以多家门店共用，实现小范围的门店间配送。

2.5 流程增值

流程，是指由两个及两个以上的业务步骤，完成一个完整的业务行为的过程。流程增值，关键是要提升每个过程的衔接度，设计好每个环节的沟通，为整个业务行为带来促进的作用。

关于流程增值，“好日子计划”非常值得借鉴。通常，对于大部分餐饮企业而言，往往节假日时生意最为繁忙（办公楼附近的快餐店则相反），然而，上天对所有人都是公平的。这样的节假日每家门店都有，怎样才能让客人去到您的餐厅呢？“好日子计划”就是企业自己设定特有的“好日子”，如会员日、周年庆、龙虾节、生蚝节、秘书节等，以此来加强与客人的互动，给客人一个用餐的理由、一个选择我们的理由。

图 5-9

除了好日子，一年中有没有不好的日子呢？古诗云：春有百花秋有月，夏有凉风冬有雪，若无闲事挂心头，便是人间好时节。由此可见，每一天都是一样的，所谓好与不好都是人赋予的。正因为如此，木屋烧烤提出的口号是：干杯，每一天都值得庆祝！每一天都是好日子！

另外，通过优化工作流程来提升门店运作的效率也至关重要。很多企业在管理上没有明确的关于沟通的相关机制，由此会造成前厅后厨矛盾重重、员工不了解公司的标准、公司不了解员工的心声等。其实，制定一个内部沟通的总表即可解决这一问题，通过流程的优化提升效率。

对餐饮行业而言，一般新员工入职前三天是离职的高峰期。为什么？因为新员工面对陌生的环境没有归属感，不知道该学些什么、做些什么。门店应该在每个员工入职的时候，在餐厅做出可视化的人员架构图，让新员工快速地融入门店；并且把新员工需要了解和学习的技能全部生成“二维码”，方便新员工更有效率地学习，从而降低新员工的离职率，提升企业的效率。

2.6 能源增值

能源费用是门店四大可控成本之一，管理者需要重点管理。能源增值的要点以下。

（1）设备选择：能源费用主要是指水、电、煤的费用。在餐厅进行硬件选择时，一定要选择高效能的设备，比如，传统的蒸箱是通过给每台设备加热水产生蒸汽，而新一代的蒸箱通常是使用蒸汽发生器为蒸箱供应蒸汽，这可以节约能源费用；另外，也可以用电磁炉代替燃气炉，整体下来电费要比燃气费便宜。

（2）补风设计：厨房里的排风工作，就是一个把厨房抽成真空的过程。从平衡的角度出发，就需要有鲜风补充进来，维持气压的平衡。通常的鲜风全部是由鲜风机把户外的空气抽进来。从能源高效利用的角度看，完全可以通过精细测算，在营业区做一个回风系统，做到 65% 的鲜风由鲜风机供应，35% 的鲜风来源于营业区的回风。

（3）日常管理：除了前期设计、设备选择外，日常的细节管理也不容忽视。所有电器设备有固定的开关时间表，并通过颜色进行分类监控。每天都要做好能源的使用登记和监控，记录当天水电煤的使用量。

3 标准——安全健康

从安全健康的角度看，标准就是将门店所有和安全相关的操作规范化和标准化，对突发安全事故的处理流程标准化，最后形成文字，装订成册。都说安全无小事，对于企业来说，一个小小的安全事故可能会让企业多年的积累功亏一篑，更有可能会造成人身的伤亡。安全标准的价值就在于能够保障员工操作的规范性，避免餐厅发生意外事故。

现代人都追求健康，可是，如果餐厅管理不当，比如，不正确的搬运姿势会影响员工的健康，食品安全事故会影响顾客的身体健康。所以，我们在这一节会把健康的相关要点进行汇总，力争打造一个健康的餐饮企业。

安全可分成三个类别，如表 5–4 所示。

1	2	3
生物性危险	**物理性危险**	**化学性危险**
- 细菌感染	- 工具	- 化学品
- 食物中毒	- 设备	- 易燃易爆
- 虫害污染	- 环境	- 反应活性物质
-	- 客人 / 员工打架	- 有毒性

表 5–4

3.1 生物性不安全

3.1.1 食品安全问题三大主因

食品安全是当下社会关注的焦点，是消费者用餐最为关注的问题，也是餐厅生存的基础。为什么会发生食品安全问题？究其根源主要有以下三大类的原因。

（1）源头污染：餐厅每天会采购进来大量的肉产品、家禽、蔬菜瓜果，因此，一定要建立收货制度，要有各类供应商的资质证明以及相关产品的检验检疫报告，确保食材源头上不出现问题。

（2）生产过程管理不当：食材从进入餐厅到端上餐桌，会有一系列的过程，如储存、粗加工、精加工等，每个环节都要做到交叉污染的预防、操作间温度湿度的管理、冰箱温度的正确管理。

（3）操作人员的坏习惯：把肉类食材放在地上、冰箱保鲜盒没有盖子、肉类产品泡在水里解冻、抹布缺乏定期的清洁消毒等，这些习惯都可能带来食品安全危机。

另外，餐厅要做好9类产品的管理监控：调味品、饮料、水果、蛋制品、淀粉及淀粉制品、水产品、豆制品、保健食品和食品添加剂。这些产品很容易出现过期、细菌超标、使用过量等情况。

3.1.2 FATTOM 定律

根据相关文献，通常餐饮门店与食物相关的细菌有 7 种，如下所示。

（1）大肠杆菌

未烧熟的牛肉、果汁、生牛奶及被污染的饮用水等可能含有大肠杆菌。感染这种细菌会导致严重腹泻、腹痛、呕吐，持续时间 5~10 天。

预防：肉食一定要烧透，水果蔬菜在食用或烹饪之前一定要清洗干净，避免喝未经高温消毒的牛奶。

（2）副溶血弧菌

生海鲜中通常存在副溶血弧菌。吃生海鲜或未煮透的贝类海鲜 24 小时左右会出现拉稀、胃痉挛、恶心、呕吐、发烧和发冷等症状。

预防：不能生吃海鲜，彻底煮透后才可放心食用。

（3）李斯特杆菌

常见于土壤和水中，在生食和未消毒的牛奶中也有发现。感染症状包括：发烧、打冷颤、头痛、胃部不适和呕吐等。

预防：冰箱残留污渍应及时清除，特别是生肉、热狗和午餐肉等产生的血水和污渍等。

（4）沙门氏菌

沙门氏菌常见于生禽肉食、蛋类、牛肉、未清洗的水果和蔬菜中。感染沙门氏菌会导致发烧、腹泻、胃痉挛等症状，持续时间 4~7 天。

预防：不吃生的或未煮透的鸡蛋，生肉应与蔬菜、熟肉分开存放。

（5）空肠弯曲菌

鸡肉和牛肉中常会有空肠弯曲菌。大多数人一旦感染该细菌则会在

2~5天内出现腹泻、痉挛和发烧，并可能伴有恶心呕吐等症状。病情持续大约一周。

预防：除了肉要彻底加热之外，处理生冷的鸡或牛肉后一定要洗手，台面及厨房用具应及时清洗干净。

（6）弓形虫

被污染的水、未煮熟的肉食都可能含弓形虫。通常感染弓形虫没有症状，但是有些人会出现头痛、身体酸痛和发烧等流感症状。

预防：处理食物时一定要彻底洗手，避免饮用不洁水。

（7）诺如病毒

诺如病毒常见于污染的食物和饮水中，人与人之间也会交叉传染。感染症状包括：恶心、腹泻、头痛、发烧，症状通常会持续好几天。

预防：使用肥皂反复洗手，厨房台面彻底消毒。

这些细菌什么时候较易滋生？有一个非常著名的FATTOM理论，说的就是容易造成微生物滋生的条件，餐饮企业需要了解并进行预防。

（1）F——Food食物：通常易引起微生物滋生的高危食品有鱼生/刺身、生肉、海鲜、奶类、沙拉、烧味、凉菜等，需要特别注意以上食品的管理。

（2）A——Acid酸碱度：通常在酸碱平衡的环境中极易滋生细菌。咸的、酸的相对来说会好一点，所以在过去没有冰箱的时候，人们为了长时间保存食物，都会做成腌制品。

（3）T——Temperature温度：5° C~63° C的环境最高危，是细菌生长的最佳温度，其中37° C最为危险。因此餐厅一定要保证菜品的温度，厨师长需要在运营时使用探针式温度计做菜品的温度抽样检查。

（4）T——Time 时间：为什么有的时候食品放在冰箱里还是会变坏？因为存放的时间过长，在存放的过程中冰箱门频繁被打开。原则上食物室温存放超过 2 个小时就容易滋生细菌。

（5）O——Oxygen 空气：食物长时间暴露在空气中也是造成污染的一个原因，餐厅需要做好密封操作，最好将食品存放在保鲜盒中。

（6）M——Moisture 湿度：食物长时间处于湿度高的环境中也是滋生细菌的一个原因，因此，餐厅要做好湿度的监控，保持厨房、仓库的干燥。

动动手：尝试罗列一下您的企业在细菌管理上可以做些什么？

3.1.3 细菌控制

为了彻底做好餐厅的细菌控制，除了做好以上 FATTOM 定律的预防外，还需要注意一些管理上的细节，举例如下。

（1）建立食品留样制度：根据国家相关的卫生防疫法规规定，食品加工企业、餐厅等应建立食品留样制度，以便在突发食品安全事故时做检测。食物进入到人体内，通常细菌会有 2 天左右的潜伏期，国家规定需要做到 2 天内的食品留样。在源全 5S 系统中，我们建议高于国家标准，留样 72 小时，并且准备三种不同颜色的食品留样盒交替使用。

（2）选择正确的物品材质：在餐厅运营中，通常会使用小木夹子、纸箱等物品，然而木头、纸箱是容易产生细菌的物品，尤其是有油或水的时候。餐厅应使用塑料夹子代替木头夹子，不要将纸箱铺在地面防滑，选择塑料鸡蛋筐取代供应商送的纸质鸡蛋筐等。

（3）规范操作流程：做好食品交叉污染的预防，在操作过程中，做到蔬菜、海鲜、肉类操作刀和砧板分开，生食、熟食操作刀和砧板分开等；规范操作流程还体现在对于标准的执行，比如，加热时温度的保障，每一项加热操作有明确的时间衡量等。

（4）硬件设施的保障：遵守国家相关卫生法规，比如，为冷菜、刺身等设置专间，所有的专间做好温度的控制，不同区域的设备、工具不要混用等。

（5）人员操作习惯规范：员工上班时要保持个人卫生，养成良好的工作习惯。勤洗澡、勤换衣服，每天上班前做好个人双手的清洁消毒，操作过程中定时清洁和消毒双手，不用手直接接触食品。

（6）规范的温度控制：参考表 5–5。

温度	物品	功能	时间
100˚C	水 / 消毒 / 洗碗机	沸点 / 消毒	30 分钟
82 ˚C	刀具 / 器皿	清洁器皿	30 秒
75 ˚C	食物加热	中心温度	15 秒
63 ~66˚C	奶类	巴士德消毒法	30 分钟
5~63˚C	-	危险温度 (其中 37˚C 为人体温度； 亦是细菌繁殖最佳的温度)	-
0~4˚C	蔬菜	冷藏温度 (Chiller)	-
0~-5˚C	半成品	冷藏温度	-
-5~-10˚C	生肉 (两天内)	冷藏温度	-
-15 ~-18 ˚C	生肉 / 急冻海鲜 / 冰淇淋	冷冻 Freezer	-

表 5–5

3.1.4 交叉污染

提到交叉污染，很多人会想到生熟交叉、荤素交叉，其实这只是交叉污染的两个表现形式。根据《餐饮服务食品经营者食品安全管理制度》的规定，交叉污染是指食物、操作人员、工具、环境等相互之间发生的化学性和生物性污染物转移的过程。由此可见，交叉污染远比想象的复杂多了。

预防交叉污染，门店需要注意下面几点。

（1）食物存放离地 15 厘米：所有食物不能放在地上，以免造成食物与地面灰尘、水渍交叉污染。另外，很多餐厅会把餐具存放在柜子里，一定要注意：柜子底层要离地 15 厘米以上，否则地面的粉尘、污水会对餐具造成污染。

（2）食物分装加盖密封：储存在冰箱里的食材，要分装在单个的保鲜盒里，并且一定要加盖，或者用保鲜膜封好。放在敞开的盒子里，食物不仅会串味，更有交叉污染的风险。

（3）选用质量过关的盒子：质量不好的保鲜盒盛装热的食材时会发生塑料降解，造成食物污染。

（4）操作人员的清洁消毒：要能做到所有员工先洗手再开工，每 2 个小时定时清洁消毒。

（5）抹布、工具的清洁消毒：跟食物直接接触的抹布、工具，在使用时极易残留大量细菌，也应做到 2 个小时消毒一下。

3.1.5 虫害

在餐厅里，生物性不安全除了细菌微生物外，另外一个令人头疼的就是虫害，比如蚊蝇、蟑螂、老鼠等。做好虫害的预防，首先，要确保餐厅的清洁卫生，每天下班时彻底清洁和消毒工作台、地面、下水道和工具，所有的垃圾不能在餐厅过夜，垃圾区定期做清洁消毒等；其次，要做好食物的管理，下班时将食物全部密封存放在冰箱中，不能有任何食物直接暴露在外面；另外，要请专业的机构定期做灭虫工作。

餐厅的灭虫工作需要有计划地进行，频率低起不到杀虫的作用，频率高则容易使虫害产生抗药性，反过来会对人员造成危害。通常一月一次较为合理。需要注意的是，每次灭虫前，要停止食物的生产，做好食物、工具、设备的密封，防止食物上残留灭虫药物。灭虫前要通知员工，以免造成人员中毒。灭虫后则需要检查食物密封的完整性，对所有设备、工具进行清洁消毒，做好所有相关细节的核查，确保安全。

做好蚊蝇的预防，餐厅要安装足够多的好灭蝇灯。然而，很多企业的灭蝇灯却形同虚设，没有定期检查灭蝇灯的性能、运转是否正常，也没有定期进行灭蝇灯的清洁消毒。需要注意的是，要规划好所有灭蝇灯的安装位置，灭蝇灯的下方不能有裸露在外的食物，防止被灭蝇灯杀死的蚊虫落到食物上。

（1）老鼠的管控

要做好老鼠的管控，在设计装修餐厅的时候就要做好墙身、地板的缝隙密封，所有存放食物的区域不应安装假天花吊顶，窗口、通风口要安装防鼠网，所有的门要安装闭门器，门与地面之间的空隙不应超过 6

毫米，仓库、厨房门店要安装防鼠板，排水沟做好沟渠盖（最好将厨房设计成暗渠）。

潮湿的环境是老鼠赖以生存的最佳环境，在营运中要保持地面清洁干燥，减少角落的杂物堆积，保持明亮的生产环境，也能减少老鼠的活动。

另外，还可以借助科技的力量。现在市面上有很多超声波驱鼠仪，其原理是发出一种能够刺激老鼠的声音，但这种声音人听不见，从而起到驱赶老鼠的作用。

（2）虫害管理的注意事项

我在很多餐厅做现场辅导时，都看到了很恐怖的一幕——有些餐厅会把老鼠药投放在营业区的花盆里、厨房的冰箱顶上、厨房的荷台下面。这是非常危险的，很容易造成食物的交叉污染。老鼠药要投放在那些不容易被客人接触到的地方，并记录下投放位置，确保食品的安全。

有一次，我去到深圳的一家餐厅，带着老板和一批店长进行门店检查。在他们的营业区有一个栏杆式的隔断，我蹲下去，发现栏杆下方的隐蔽地方聚集着一堆蟑螂，于是我让他们老板亲自过来看。老板看完之后，问："这里怎么会有这么多蟑螂？"后面的一位店长说："我早就知道了。"老板生气地说："那你给供应商反馈过吗？跟公司汇报过吗？"答案当然是否定的。很多门店的管理者以为这些事情只要交了钱、找了人，就万事大吉，这是十分错误的。门店一定要在管理的过程中起到监控和检查的作用，确保虫害管理的效果。

3.2 物理性不安全

3.2.1 个人保护

在餐厅，经常会有因物品存放不当坠落砸伤员工、因机器设备的位置摆放不合理让员工受伤，还有地面湿滑使得人员跌倒的意外发生……这些都是餐厅常见的物理性不安全事故。物理性不安全的危害在于会造成人员的受伤，严重的甚至会危及人的生命。

管理的目的在于主动预防，管理者在平时要加强安全意识教育，餐厅也要为员工提供安全工具。在我所服务的客户企业中，经常出现员工受伤的情况，有些餐厅的员工会在砍骨头的时候不小心砍到手，有些员工的脸会因为高温的油溅出而烫伤，其实，要预防这些意外发生，餐厅只需提供钢丝手套和防烫面罩即可。

图 5–10

每个岗位的工作内容不同，使用的工具设备不同，可能产生的安全事故也不同。比如，粗加工人员容易被刀割伤，厨师容易被油烫伤（或者蒸汽烫伤）。个人保护可以参考表 5–6。

工具	功能	厨房	后勤	油烟	水池	大排档	服务	传菜
1. 帽子	防止发丝掉进食物中	√						
2. 眼罩	防止有害物品飞入			√				
3. 口罩	防止唾沫					√		
4. 钢丝手套	避免切伤				√			
5. 防护手套（橙色）	避免接触化学物品			√				
6. 防护手套（黑色）	处理垃圾	√	√	√				
7. 防护手套（米色）	处理未熟食物	√				√		√
8. 防护手套（红色）	洗消及油烟			√				
9. 隔热手套	避免烫伤	√						
10. 围裙	防油烟及杂物	√		√	√	√	√	√
11. 防滑水鞋	避免滑倒	√		√	√			

表 5-6

个人的保护装备，有一些可以保障员工的安全操作，有一些则是让员工有一个舒适的工作过程。有一次，我去一家餐厅，看到了很好玩的一幕。进入厨房后，我看到有个员工在切洋葱，为了防止切洋葱流泪，我看到他用保鲜膜把眼睛包了起来。餐厅应该为员工提供舒适的工作环境，可以考虑给切洋葱和辣椒的员工配备一些眼罩。

3.2.2 人力提举

在搬运物品的过程中，员工在货架拿取物品时，也容易身体受伤。国际上有这样一个人力提举标准，如图 5–14 所示：

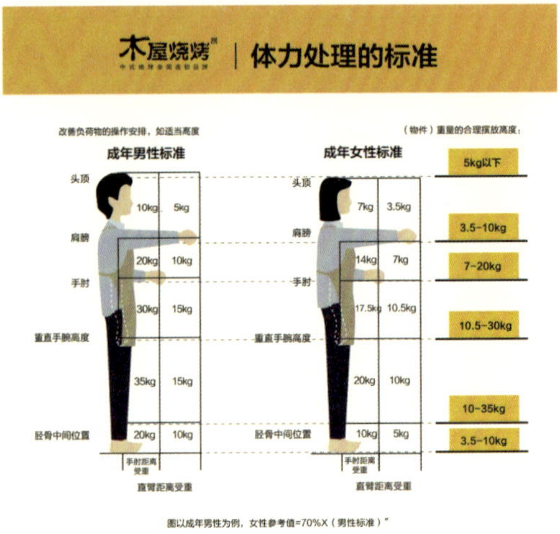

图 5–11

从图 5–14 中可以看到，一个男人最多可以搬运 25 公斤重的物品，女人能承受的重量是男人的 75%，因此餐厅最好能够做到所有物品的单件重量不要超过 17.5 公斤。餐厅里有很多货架，结合图 5–11 的标准，应该做到超过人身高以上的层架物品重量不要超过 5 公斤，5–10 公斤重的物品应放在肩部高度的层架上，25 公斤的重物放在人腰部高度的层架上。重物一定不要放在地上，否则员工弯腰搬运时容易受伤。餐厅里可以准备一些带轮的车子，将重物放在车子上面，搬运时拖着车走即可。

搬运物品时，姿势要正确，如果姿势不正确，会导致椎间盘退化、疝气、坐骨神经痛等的问题。正确的姿势如图 5–12 所示：

图 5-12

3.2.3 危险仪器

危险仪器，指的是在使用过程中会对员工造成伤害的生产设备，如厨房常见的搅拌机、切肉机、热水机、蒸箱等。需要注意以下几点。

（1）摆放位置：不要把这些设备放在厨房的通道上，也不要放在门口的位置，因为这些地方走动的人多。比如，当一个员工弯腰操作搅拌机时，后面人员进出频繁，很容易碰到弯腰的员工，如果不慎跌入搅拌机中，后果不堪设想。因此，这些设备一定要置于角落的地方，无人能够干扰。

（2）设备开关位置：餐厅里很多设备都是贴墙摆放，而设备的开关都在墙上。这会使得员工在操作时，需要跨越机器才能开关设备，这非常危险，很容易把员工的衣服搅入设备中。最好的做法是调整开关的位置，放在靠近人的一边。

图 5-13

（3）设备防护网罩：购买搅拌机设备时，要选择那些带安全防护罩的，在操作中需要先关上网罩才能打开设备，一旦网罩打开，机器设备就会停止运转。这也是对员工的一种保护。

（4）安全提示：对于危险的机器设备，要时时刻刻做到员工安全意识的提醒，可以在设备上张贴黄色的警告标志，如防烫、防割等。

（5）安全操作指引：用简单的文字或者图形，写出设备的规范使用大概流程，张贴在设备上，让新员工有标准做参考，方便管理者进行监督。

图 5-14

3.2.4 防电

一家营运中的餐厅，从功能角度来讲，需要有电脑、POS 机等设备；从环境角度来讲，需要有各类灯具、空调、排风等；从安全的角度需要有监控、烟雾报警装置、消防应急灯等，这些都需要用电，于是构成了一张复杂的餐厅内部“电网”。

构成电网的这些电线，一方面看起来杂乱无章，另外也给员工带来触电隐患。在布置电线时，要将电线整理到最短距离，横平竖直，购买收纳盒或者线圈进行电线的收纳，确保视觉上美观整齐。在每一根电线上用功能标签标注用途，是强电还是弱电，是电脑电源线还是 POS 机的电源线，确保操作时不会出现寻找线头的混乱。一定不要让电线头裸露在外。另外，电线要离地处理，不要自己私拉电线。

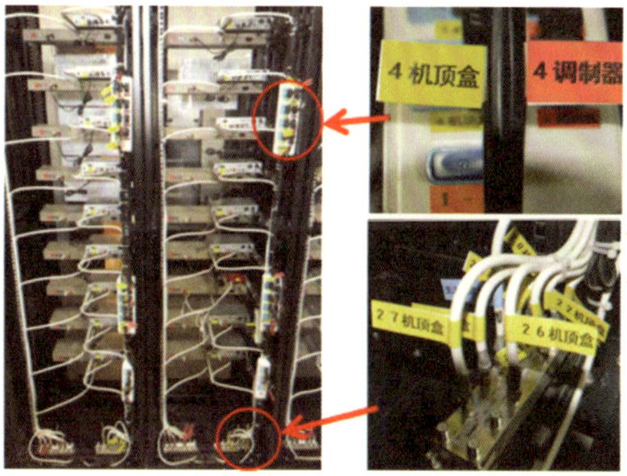

图 5-15

源全管理系统管理的要点在于看得见的管理。很多时候灯开关的次数多了后，会给员工工作带来不便，为此，我们建议凡有 20 个开关集中在一起的时候，需要在旁边附上一张灯具平面图，用颜色、编号标注清楚每一个开关所控制的灯，做到一目了然。

通常，每家餐厅都会有一个总的配电箱，里面有各个设备的空气开关，有的是风机的开关，有的是灯的开关。员工需要每天打开配电箱的门，进行相应开关的开启。厨房是一个潮湿、油腻的地方，员工的手通常并不干燥。在源全 5S 体系中，我们首先要求打开配电箱的门后，只见开关，不见电线；其次，在配电箱的门背后张贴开关的平面图，做到目视管理；最后，建议配电箱旁边挂一条白色的干燥毛巾，让员工先擦手，再操作。

3.2.5 防滑

餐厅由于存在着大量的水和油，因此很容易造成客人和员工的不小心滑倒。餐厅的防滑，需要重点做好以下几点。

（1）餐厅大门口的台阶、餐厅内上下楼的楼梯，是容易造成人员滑倒的地方，尤其是当台阶地面有水的时候。为保障人员安全，需要在这些台阶上，张贴醒目的安全地贴。

（2）厨房的地面上有较多的水和油，每当传菜员频繁进出厨房时，会把地面的油带到前厅营业区地面，增加了餐厅的安全隐患。建议可在厨房与前厅的营业区铺上一块垫子，让进出的人员停留跺跺脚，可有效降低前厅地面的污染。

（3）每天餐厅会有多次的清洁工作，地面也是需要清洁的地方之一。在拖地的时候，要注意清洁剂的使用量，否则拖完的地面会比较滑。拖地一定要用干净的拖把清除地面上的水，然后在通道摆上“小心地滑”的提示牌，确保安全。

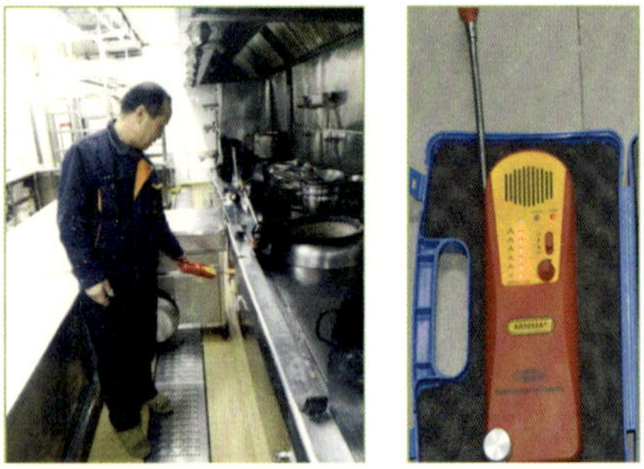

图 5–16

3.3 化学性不安全

餐厅的清洁工作，需要一些化学清洁剂的辅助，需要加强对这些清洁剂的管理，以免造成人员的伤害或者食品的交叉污染。

常用的化学品有洗洁精、消毒水、洁厕剂、酒精、煤气、烧碱等。为此，每家企业首先需要罗列出餐厅里究竟有哪些化学品，然后制定一个危险品的管理细则，如表 5–7 所示。

化学品标识	例子	危害表现	安全处理	安全措施
-	乙醇，即酒精（有高度的易燃性质）	-	盖紧容器，切勿近火	-
-	有毒：甲苯（甲醛苯）	吸入后会中毒，刺激眼睛、呼吸系统和皮肤，可能引起敏感	使用这种物质，如遇通风不足，则必须配用适当的呼吸器，若发生意外或感到不适，应立即求医	如沾及眼睛，就要用大量的清水冲洗，并尽快延医诊治； 如皮肤接触这物质，也必须用大量清水冲洗
-	腐蚀性：硫酸	会引致严重灼伤	切勿把水加入这种物品	如果沾及眼睛，要立即用大量清水冲洗，并尽快就医诊治
-	刺激性：甲醛（水、福尔马林）	会刺激眼睛和呼吸系统，沾及皮肤可能引起敏感	-	凡沾及眼睛，要立即用大量清水冲洗，并尽快就医

表 5–7

对于餐厅常用的清洁用剂，要用带锁的专柜做备货，使用时用专用的瓶子分装，严格按照比例进行稀释，使用烧碱的过程中员工一定要戴专用的手套。餐厅里常见的不良习惯有：仓库里化学品与食材干货混放在一起，使用时不注意量的监控，常用装食物的盘子装洗洁精，然后随意摆放在操作台上等。

另外，餐厅里有大量的天然气管道与炉灶，管理不善也容易发生燃烧、爆炸等危险。厨房在硬件施工时，要安装可燃气体报警仪，或者购买移动式可燃气体检测仪挂在炉灶上，时时监控是否有燃气泄漏，以免造成人员中毒。

3.3.1 食品添加剂

食品添加剂是为改善食品色、香、味等品质，以及为防腐和加工工艺的需要而加入食品中的人工合成或者天然物质 。目前我国食品添加剂有23个类别2000多个品种，包括酸度调节剂、抗结剂、消泡剂、抗氧化剂、漂白剂、膨松剂、着色剂、护色剂、酶制剂、增味剂、营养强化剂、防腐剂、甜味剂、增稠剂、香料等。

按照相关法规，添加剂的使用要遵循相关的行业规范，法律禁止使用的绝对不能出现在餐厅里，法律允许使用的一定要按照相关要求严格控制使用量。餐饮企业若有使用合法添加剂的需求，在添加剂的保管与领用上一定要做到专人、专锁、专柜、专用工具，每次使用要记录领用量、领用人、用途等信息，以备相关部门检查。

表 5-8 为国家相关规定。

序号	名称	主要成分	可能添加的主要食品类别	可能的主要作用	检测方法
1	吊白块	次硫酸钠甲醛	腐竹、粉丝、面粉、竹笋	增白、保鲜、增加口感、防腐	GB/T 21126-2007 小麦粉与大米粉及其制品中甲醛次硫酸氢钠含量的测定；卫生部《关于印发面粉、油脂中过氧化苯甲酰测定等检验方法的通知》（卫监发〔2001〕159 号）附件 2 食品中甲醛次硫酸氢钠的测定方法
2	苏丹红	苏丹红 I	辣椒粉	着色	GB/T 19681-2005 食品中苏丹红染料的检测方法高效液相色谱法
3	王金黄、块黄	碱性橙 II	腐皮	着色	
4	蛋白精、三聚氰胺	-	乳及乳制品	虚高蛋白含量	GB/T 22388-2008 原料乳与乳制品中三聚氰胺检测方法 GB/T 22400-2008 原料乳中三聚氰胺快速检测液相色谱法
5	硼酸与硼砂	-	腐竹、肉丸、凉粉、凉皮、面条、饺子皮	增筋	-
6	硫氰酸钠	-	乳及乳制品	保鲜	-
7	玫瑰红 B	罗丹明 B	调味品	着色	-
8	美术绿	铅铬绿	茶叶	着色	-
9	碱性嫩黄	-	豆制品	着色	-

表 5-8

10	酸性橙	-	卤制熟食	着色	
11	工业用甲醛	-	海参、鱿鱼等干水产品	改善外观和质地	SC/T 3025-2006 水产品中甲醛的测定
12	工业用火碱	-	海参、鱿鱼等干水产品	改善外观和质地	-
13	一氧化碳	-	水产品	改善色泽	-
14	硫化钠	-	味精	-	-
15	工业硫磺	-	白砂糖、辣椒、蜜饯、银耳	漂白、防腐	-
16	工业染料	-	小米、玉米粉、熟肉制品等	着色	-
17	罂粟壳	-	火锅	-	-

表 5–8（续表）

3.3.2 药箱

餐厅里的客人、员工难免会出现身体不舒服或者意外跌倒、割伤等情形，这就需要餐厅里配备一个常用药品的安全药箱，如图 5–20 所示。

在管理安全药箱时，需要注意的细节如下。

（1）药箱要置于餐厅员工容易拿到的地方，而不能锁在办公室内。

（2）药箱外面张贴药品的清单、数量与负责人等管理信息，要定期检查要求的数量有无缺失，检查药品有无过期。

（3）建议只提供外敷的药品，如创口贴、红药水等，不建议提供内服的药品。

（4）创口贴建议使用卡通的蓝色创口贴，普通常见的是白色或肉色，这些普通的创口贴在使用时，当人的手上沾了水，很容易造成滑落，如果滑落到锅里则非常危险。蓝色的好处是显眼，因为很少有蓝色的食物。

另外，新加坡政府规定，餐厅里除了要配备安全药箱，还需要有急救药箱，里面装有纱布、剪刀、绷带等急救物品。新加坡政府要求餐厅每 50 位员工就需设置一个急救药箱。急救药箱必须可移动，并存放于最有可能出现意外的地方，如厨房、粗加工间等。如图 5–17 所示。

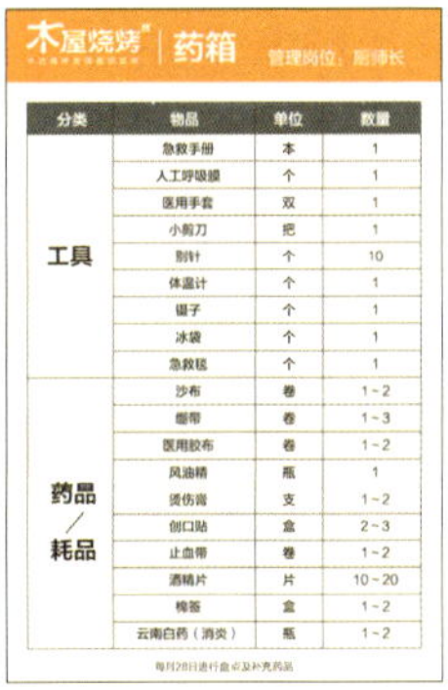

木屋烧烤 | 药箱 管理岗位：厨师长

分类	物品	单位	数量
工具	急救手册	本	1
	人工呼吸膜	个	1
	医用手套	双	1
	小剪刀	把	1
	别针	个	10
	体温计	个	1
	镊子	个	1
	冰袋	个	1
	急救毯	个	1
药品/耗品	沙布	卷	1~2
	绷带	卷	1~3
	医用胶布	卷	1~2
	风油精	瓶	1
	烫伤膏	支	1~2
	创口贴	盒	2~3
	止血带	卷	1~2
	酒精片	片	10~20
	棉签	盒	1~2
	云南白药（消炎）	瓶	1~2

每月28日进行盘点及补充药品

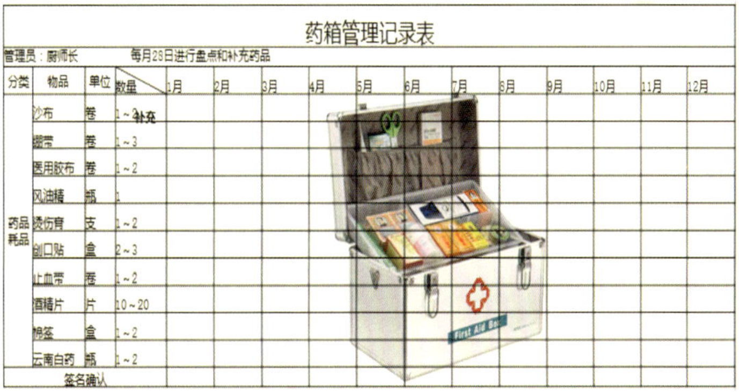

药箱管理记录表

管理员：厨师长　　每月28日进行盘点和补充药品

分类	物品	单位	数量＼补充	1月	2月	3月	4月	5月	6月	7月	8月	9月	10月	11月	12月
药品耗品	沙布	卷	1~2												
	绷带	卷	1~3												
	医用胶布	卷	1~2												
	风油精	瓶	1												
	烫伤膏	支	1~2												
	创口贴	盒	2~3												
	止血带	卷	1~2												
	酒精片	片	10~20												
	棉签	盒	1~2												
	云南白药	瓶	1~2												
签名确认															

图 5–17

急救药箱在管理上，也需要有看得见的清单看板和明确的负责人等。另外，有一点特殊的是，急救药箱配备好药品和工具后，要贴上一张封条，代表备用状态。每拆封使用一次，则需要补充好药品，再次张贴封条。如果门店一直安全，没有使用急救药箱，那也需要定期打开进行内部的药品、工具检查，查看是否有过期、损坏等情况，检查好确认没有问题后，再用封条封口。

3.4 环境的安全与健康

3.4.1 通风系统

餐厅里的空气质量会影响着餐厅里的客人、员工的健康情况。餐厅风系统包含厨房排风系统、厨房鲜风系统、空调系统、回风系统等。在做风系统设计时，一定要核算好厨房的排风量。通常做餐厅通风系统的流程如下。

（1）测算总的排风量

根据《民用建筑暖通空调设计技术措施》，排风计算公式为：L1=1800×F1（F1 为设备面积），L2= 换气次数 ×F2（F2 为厨房体积）；L 为总排气量 L=L1+L2。根据国家的相关规定，餐饮服务经营场所要做到换气次数 30~60 次 / 小时。

（2）核算鲜风量

通常的经验是厨房鲜风量设计为排风量的 80% 即可，形成厨房负压。此处需要注意，第一绝对不能正压，因为这会把厨房里的空气“倒灌”到营业区，从而造成用餐区域空气的污染；第二需要主要的是负压比，要控制在 80~90%，如果负压比太小，也就是排风远远大于排风，这样做的问题会把厨房抽成真空，门都难以打开。

图 5-18

（3）鲜风来源设计

核算好了鲜风量后，要做出巧

妙的设计，65% 的鲜风用鲜风机进行提供，选择的鲜风机要选择能够进行温度调节鲜风系统；35% 的鲜风要来自于营业区域的回风。这样的设计是最经济的做法。

3.4.2 照明管理

餐厅里有很多灯，不同的灯有着不同的功能，不同功能灯的亮度、色温有着不同的表现。无论餐厅要做何种灯光氛围营造，有一个需要保证的前提就是基本的亮度。如果厨房炉灶的照明亮度过低，无法确保出品的品质；如果通道的亮度过低，则容易出现人员摔倒、碰伤等情况；如果砧板处亮度过低，容易发生刀切到手的事故。餐厅的基本灯光照明亮度，可参考表 5–9。

楼面灯光亮度——流明	厨房内灯光亮度——流明
约 200 流明	约 500 流明
→入口	→砧板
→大堂	→执码
→待侯室	→烹煮
→门口	→上菜
约 500 流明	-
询问处	约 300 流明
-	→食物储存
冷库 150-200	→事物清洗
-	→食物预备及分配

表 5–9

绝大部分的餐厅用餐区都是使用暖色系的灯泡，比如家用钨丝灯，色温在 3500K 左右，而厨房则会使用冷色系灯泡，如普通日光灯，色温在6000K左右。冷色系灯光明亮，照出的蔬菜颜色非常真实，但无法看出肉的好与坏。而暖色系灯光能够分辨肉的好与坏，明亮感稍差。由此建议餐厅的厨房灯光应该做到“一暖一冷”交替设计，或者选择4000K左右色温值的灯泡，让厨房的灯光稍微融合一点，不要与前厅有太大的反差。这样的设计对员工也有好处，因为如果员工每天高频率地往返冷色的厨房与暖色的前厅，时间长了人的视网膜神经也会受到刺激。

3.4.3 温度管理

餐厅的温度管理非常重要，一方面影响环境舒适度，另一方面也影响着产品的品质和食品安全。餐厅需要建立的温度标准如下。

（1）用餐环境：控制在26℃左右，餐饮企业有这样一个概念：用餐区域温度低一度，人的消费食欲会增加5%。如果温度高，会影响到客人用餐的满意度。

（2）生产区：厨房控制在30℃以下，凉菜间等专间严格控制在17–23℃。这个主要考虑的是食品安全与厨师的工作舒适度。

（3）设备：毛巾车夏天调到50℃左右，冬天调到70℃左右，保证客人用的毛巾冷热适中；洗碗机的热水温度要能达到85℃以上，这样碗才能洗得干净。

（4）酒水：通常红酒储存的最佳温度是10℃左右，啤酒的最佳储存温度是5摄氏度左右，泡绿茶的水85℃左右，泡红茶的水100℃左右。

这些温度直接影响着客人饮用酒水的品质，决定着销售量。

（5）海鲜池：不同的海鲜生活在海中的不同深度，通常建议如表5-10。

名称	水温/℃	咸度	名称	水温/℃	咸度
青龙虾	22-22/℃	1.024	苏眉仔	20-22/℃	1.020
青龙仔	20-22/℃	1.025	东星班	20-22/℃	1.020
懒尿虾	20-22/℃	1.023	石头鱼	20-22/℃	1.021
澳洲虾	14-16/℃	1.025	大莲鲍	10-14/℃	1.025
珍珠鲍	14-16/℃	1.025	象拔蚌	10-14/℃	1.025
左口鱼	14-16/℃	1.026	雪蚧	10-14/℃	1.025
多宝鱼	14-16/℃	1.024	珍珠蚧	10-14/℃	1.025
黄花鱼	14-16/℃	1.023	蜘蛛蚧	10-14/℃	1.024
石班鱼	15-18/℃	1.023	皇帝蚧	9-12/℃	1.024
龙利鱼	18-23/℃	1.022	澳洲鲍鱼	9-12/℃	1.026
大龙泵	18-23/℃	1.022	响螺	20-22/℃	1.024

表5-10

3.4.4 噪声管理

餐厅里噪音的大小，也会影响人的用餐过程与心情。试想一下，人在犹如菜市场一样嘈杂的地方用餐，相互之间说话听不见，整个用餐体验一定会大打折扣。相关的说法是人在90分贝的环境中待2个小时，会出现情绪上的暴躁，长期这样会出现精神衰弱等症状。

为什么现在越来越多的餐厅用餐区域比较嘈杂？原因是当下很多餐厅的设计走的是工业风，装修材料多选择铁艺、玻璃等，餐厅地面使用大理石，餐桌无需台布，这样就形成了一个非常“硬”的空间，声音在这里面会发生反射和折射，故而很吵闹。解决的方法是增加布艺、花草等软装饰品，因为这些“软”的东西会有吸音的效果。

厨房的噪声也很多，产生噪音的声源有风机运作的声音、锅碗瓢盆碰撞交织的声音、人的说话声等，也会给厨师带来身体上的潜在伤害。建议可以使用新一代无鼓风机的炉灶，能够削减去绝大部分的声音；使用电磁炉灶取代燃气炉灶，静音效果更佳；另外，所有的管道安装要做好隔音处理；最后，培养员工轻拿轻放的好习惯。

3.4.5 油污排放的控制

餐厅作为社会的一分子，有责任、有义务不在生产过程中破坏生态环境。餐厅里每天会有很多脏水排出，一定要确保排出去的水有过滤的过程，把脏水中的油隔离出来做单独处理。现在地方药监局也要求餐饮门店的水池下方一定要安装“隔油池“，这样水池中的脏水排到下水道之前有个隔油的处理，而不会把油污直接排走。

海底捞的洗碗机，会有一个大的铁箱，叫做“油水分离器“。很多做火锅的餐厅，回餐的锅底都是直接倒进垃圾桶，每天会产生大量的垃圾。其实仔细观察，这些垃圾中三分之一是水、三分之一是油、三分之一是剩菜剩饭。海底捞的做法是收回来的锅底倒入”油水分离器“，油水混合物流进铁箱的下面，剩菜留在分离器的晒网上。洗碗工定时把沥过油水的干垃圾倒入专用垃圾桶，流下来的油水混合物会根据密度自行分层，这样箱子底部是水，直接放进下水道，水的上面一层是油，用专用的桶收集起来统一做处理。

3.5 人员健康

人员健康，指的是如何保障每一位员工的身体健康。建议餐厅可做好以下 4 个重点管理。

（1）坚持做职安操：让员工在开工之前彻底把重要的关节打开，减少工伤发生的概率。

（2）健康证管理：餐饮从业人员需要有身体健康证明，源全 5S 讲究的是看得见的管理，可以把员工的健康证按照月份分类，贴在健康证存放区，确保不会出现过期。

（3）定期鼓励体检：如今很多人都处于亚健康的状态，餐饮经营者要鼓励员工定期做体检，并设法为员工提供一些体检资源。比如，对于优秀员工的表彰，可以采用发放体检券的形式。

（4）建立全员运动的文化：让员工在工作结束后能够关注自我的身体锻炼。

3.6 安全危机处理

做企业，谁都希望能够一直安全、平安。然而有的时候因为天灾或者管理疏忽，还是会出现一些紧急事件。通常，餐厅可能会发生以下危机事件：

· 员工及顾客打架应变

· 电视台负面报道应变

· 自然灾害事件（飓风、地震、水灾）

· 火警事件应变

· 停电应变

· 意外伤害处理

· 影响健康事件应变标准

用餐顾客肠胃不适处理流程标准

创伤意外事件处理流程标准

化学品意外事件处理流程标准

烧烫伤事件处理流程标准

空气或飞沫传染之传染病防治标准

食物或饮水传染之传染病防治标准

人员突发性身体不适处理流程标准

面对这些危机事件，一定要有危机处理机制，让大家在发生危机时能够从容应对。如表 5-11、5-12 和 5-13，为餐饮门店火灾、顾客打架和停电的应急方案，企业根据标准补充具体的流程、联系人即可。

火警处理操作程序概述与预防		
	程序	行动步骤
1	防止火灾	• 参加维安部组织的消防火灾安全培训，掌握防火灾技能 • 按标准配置灭火器材，知道消防器材的放置位置，会使用消防器材 • 不能随意乱扔烟头，特别是煤气房，或者放易燃易爆品附近 • 不能乱扔乱接电线 • 大功率电器尽量不要同时工作，经常检修电路，发现绝缘层破损要及时更换导线 • 控制炒炉火苗高度，油炸东西时注意油不能超过锅内容量的三分之二 • 随时注意烤炉内水是否烧干 • 酒精要放酒精柜并加锁管理
2	出现火灾	• 小火可自己解决，大火启动火灾应急预案，各小小组人员到位 • 火灾发生时关煤气，关电源开关 • 在门前设置 5 米的安全警戒线，防止围观人员影响救援工作开展 • 电器或线路着火，要先切断电源，再用干粉或气体灭火器灭火，不可直接泼水灭火，以防触电或电器爆炸伤人 • 电视机起火，不可用水浇，可以在切断电源后，用灭火毯将其盖灭。灭火时，只能从侧面靠近电视机，以防显像管爆炸伤人。若使用灭火器灭火，不应直接射向电视屏幕，以免其受热后突然遇冷而爆炸 • 油锅起火时应迅速关闭炉灶燃气阀门，直接盖上锅盖或用灭火毯覆盖，切勿向油锅倒水灭火 • 燃气罐着火：要用浸湿的被褥、衣物等捂盖火，并迅速关闭阀门 • 断电员截断起火部位电源，做好扑救照明用电工作 • 保管员迅速整理营业额现金、电脑等贵重东西做好转移准备
3	灾后处理	• 清点汇总损失情况进行登记报告 • 清理环境卫生 • 检查电源线路，煤气管道是否有损坏 • 如有人员受伤，立即送往附近医院救治

表 5–11

顾客打顾客处理操作程序概述与预防		
	操作程序	行动步骤
1	防止打架	• 顾客和顾客打架基本是喝醉酒引起 • 服务过程中，留心观察客人饮酒动态、表情变化，能够针对具体情况适当劝阻 • 如果客人是饮酒过量，可以建议他饮一些不含酒精的饮料 • 对已醉的客人，服务应更注意，仔细小心，特别是语言方面 • 帮助喝醉的客人同伴送客人上车，防止客人自伤或伤害他人 • 应劝阻、制止，发现苗头及时通知经理，事态严重的要及时报110，不能围观，应积极配合处理，事态平息后迅速清场正常营业 • 无法调解的矛盾要及时逐级向上汇报，不能任其发展 • 发现有打架倾向，及时向上级汇报，不能围观，推波助澜造成事件扩大
2	打架	• 当顾客打架第一时间拉开顾客，及时向店管理组报告处理 • 如发生激烈严重的打架，出现人员伤亡，先向公司汇报，再报警或打 120
3	打架后	• 造成流血事件，或打群架的，第一时间报警，移交公安机关处理，双方均可能受到严重的治安或刑事处罚 • 店内财产损失赔偿，视损坏物品的客人醉酒情况而定，如果是意识清醒，就提醒他按价赔偿；如果已经喝醉或者有闹事的倾向，就找到主要请客人员或是没有醉酒的顾客说明情况索赔。如顾客拒绝赔偿，可请派出所民警协助，注意和顾客交涉时的态度文明有理 • 对于积极劝架，及时制止打架事件的人员视情况给予适当的奖励

表 5–12

停电处理操作程序概述与预防		
	程序	行动步骤
1	防止停电	• 市供电局、变电所和饭店的设备、线路检修，计划停电无法阻止，只能提前做好安排 • 非计划突然发生设备或线路故障停电，定期检修、检查排除设备或线路问题，做好维修保养工作
2	出现停电	• 掌握简单的电工常识，出现意外停电能够自查停电原因 • 非计划突然发生设备或线路故障停电： 餐厅在正常营业期间，应做好以下工作： 1. 保持镇静，首先稳定客人情绪，迅速开启应急灯； 2. 提醒客人不要离开座位，避免造成混乱，并看管好随身物品； 3. 第一时间联系维修服务询问停电原因，如果是店内供电设备问题应立即检修，落实结果损坏原因，修复时间；如果是地区停电，或其他一些原因一时无法解决，管理人员应向宾客表示歉意； 4. 停电时间较长，要转移半成品避免菜品变质 • 在未供电时间，可做些不耗电的工作，如清扫工作、菜品备货等。
3	供电恢复后	• 掌握简单的电工常识，出现意外停电能够自查停电原因 • 供电恢复后，分次打开电源，检查电路、冰箱、空调、制冰机 • 恢复供电之后，必要时为客人道歉，或者果茶或者其他凉菜

表 5–13

3.7 标准：会说话的口号

每一寸土地都有它的使命

管理层应以员工之健康安全为傲

厨师拿在手上的永远都是干净的

透明是最大的屏幕

5S 管理就是标准化，标准化就是数字化

轻装修，重装饰

企业存在的价值就是增值各项拥有的资源

做饭是天大的事！食品安全无小事！

第六章

5S——修养

修养，是一个企业的源全管理系统文化形成的过程，这个过程需要一定的时间，不是十天半个月就能解决的问题。

1 修养——概述

修养，是一个企业的源全管理系统文化形成的过程，这个过程需要一定的时间，不是十天半个月就能解决的问题。在全管理系统体系中，我们会看到一个干净、整齐的餐厅环境，这是属于冰山上层的部分，这些成果来得快，消失得更快。修养就是让企业做往下的纵深沉淀，从餐厅的内部和外部进行修炼，养成全员的好习惯，建构表面成果背后更加重要的东西。

在修养这一部分，企业要把源全管理系统众多的工作进行分类，有一些是每天要做的事情，有一些是每周要做的事情，这个过程就是一个形象的减法的过程。

2. 内修

内修，就是“内部人”的自己修炼，也就是通过定期的工作任务重复执行，让大家养成好的习惯。企业在落地全管理系统时，要先把所有的工作罗列出来，按照天、周、月、季度、半年、年进行分类，明确每个工作的完成时间。如表 6–1。

内修	÷365	每天	• 一分钟总结 • 职安操 • 上下班前巡查 • 食物留样 • 工具不回家，我也不回家
	÷52	每周	• 清洁检查、冰柜清洁 • 盘点、能耗分析、品质总结
	÷12	每月	• 灭虫 • 意外记录
	÷4	每季度	• 内审 • 烟道、空调过滤网清洁
	÷2	每半年	• 招牌、电梯清洁保养 • 标准手册修检、财务分析
	÷1	每年	• 年度计划 • 防火或紧急应变演习 • 健康检查及记录 • 维修总表 • 源全管理系统外审

表 6–1

（1）每天的 1 分钟计划：每个岗位、每个伙伴要明确每一天工作计划，让工作任务变得清晰。同时也建议每个人在工作中，要习惯地每天早上做 1 分钟计划，每天晚上做 1 分钟总结。

（2）每天职安操：在员工的开工之前，通过职安操去打开员工的 5 个重要关节（颈关节、肩关节、手腕关机、腰关节、膝关节），增加团队到凝聚力，并让每一个伙伴开心 地开始工作（图 6–1）。

图 6–1

（3）每天的 5S 检查：每个岗位有了环境管理的标准要求，每个岗位有了操作的规范，就需要每天下班前的检查，保障结果的规范性。要检查所有的工具是否回到家，检查环境清洁卫生是否达标等（图 6–2）。

图 6–2

（4）每周清洁计划：明确一个星期的清洁工作，让清洁工作做得轻松，让清洁效果得到保障（图 6–3）。

聊姐老火锅 PEIJIE HOTPOT

后厨隐蔽清洁点

隐蔽点	隐蔽地方名称	图片	清洁计划	隐蔽点	隐蔽地方名称	图片	清洁计划
1	冰箱与内部清洁		每周一清洁	8	冰箱门封条清洁		每日打烊清洁
2	冰箱扇热片清洁		每周一清洁	9	蒸饭箱水垢清洁		每周三C班清洁
3	切肉机底座		每日打烊清洁	10	灶台与墙面清洁		每日打烊清洁
4	切片机清洁		每周二清洁	11	冰箱冷凝器和扇热片		每月15日打烊清洁
5	下水道挡板和地沟		每日打烊清洁	12	灯罩和风口清洁		每周三打烊清洁
6	油水分类器底部清洁		每日打烊清洁	13	抽油烟机清洁		每季度首个工作日清洗
7	调汤炉底部墙面清洁		每日打烊清洁	14	抽油烟机挡板清洁		每周一、周五打烊清洁

图 6–3

（5）每月内审：每个月做一次内部的源全管理系统审核，让门店维持高标准，让委员会定期了解门店的环境管理问题。

（6）每半年手册的检讨和更新：源全管理系统在落地时，需要使用《源手册》和《全手册》进行员工的培训和标准的传承。然而这些手册做好后，不是一成不变的，要每半年做一次内容的检讨和更新，与时俱进！（图6–4）

图 6–4

（7）每半年源全管理系统支出与收益统计：做源全管理系统过程中，会花费一些经费用来购买工具，也会花费一些成本进行硬件改造，还会去到外面做学习交流。门店要每半年统计一次，究竟花了多少钱？也要核算钱花了以后，得到了哪些收益？从而来评估源全管理系统落地的可行性（图 6–5）。

5S 投入产出分析

5S Input & Output Analysis

投入	学习费用	差旅	物料	奖励	合计
数据	230278	90732	85450	18200	424660
产出	坪效	人力	资源	原材料	合计
数据	691200	237600	146273	172440	1247513

图 6–5

（8）每年目标承诺：源全管理系统是企业管理的一个部分，而不是一个阶段性的工作任务。每年一次的目标承诺，让全员确定新一年的努力方向，让每个人有明确的源全管理系统工作任务（图 6–6、图 6–7）。

类别	项目	现有资料	目标数据
资源增值	月营业额		
	人均产值		
	环境产值（面积产值、餐位产值任选一项）		
	毛利		
	水电气费用占比		
安全健康	每年意外事故次数		
	每年食品安全事故次数		
	每年个人健康活动		
	内 / 外审分数		

图 6–6

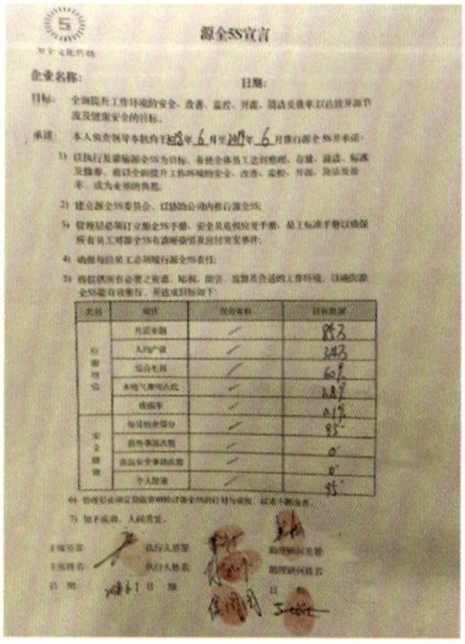

图 6–7

（9）每年年度计划制定：源全管理系统是一个体系，而不是简单的一个事情。这个体系中有培训、交流、计划、总结等活动，年度计划就是从策略上明确落地过程,让每个人知道什么时候该做什么事情(图6–8)。

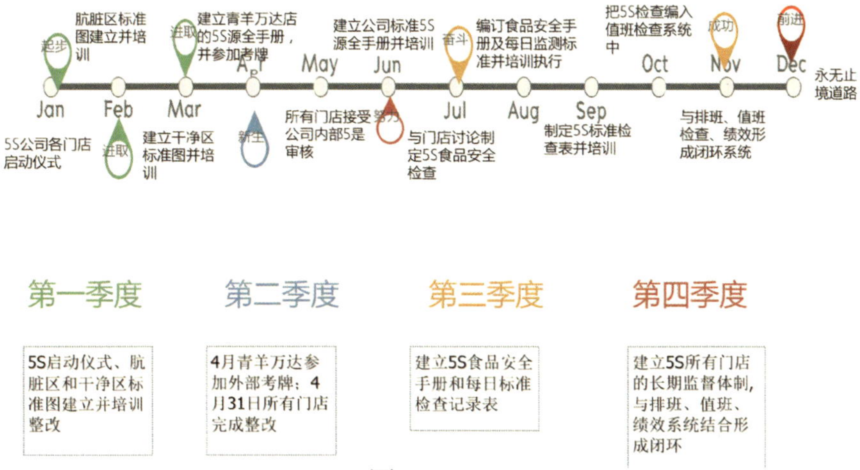

图 6–8

（10）每年维修计划总表制定：餐厅里的清洁和保养工作，每一年定好计划，让门店有序地执行（表 6–2）。

年度维护计划		
项目	核心工作	实施方案
厨房工程	1. 油烟管道清洗	一季度一次
	2. 抽油烟机马达维护	半年一次
	3. 天然气炉具及管道是否有漏气现象	每日检查
	4. 冰柜是否正常	每日检查
楼面工程	1. 空调风口是否脱落，过滤网有无灰尘	二周一次
	2. 所有电源总闸定期检查	每日检查
	3. 所有电器设备检查	每日检查

表 6–2

门窗工程	1. 实木门开合是否正常，拉手、合页是否牢固，闭门器是否正常	每日检查
	2. 纱窗开关是否正常，有无松动卡死现象	每日检查
水电系统	1. 主配电箱铜鼻子和螺丝帽是否松动	每周检查一次
	2. 所有插座有无松动、破损现象	每日检查
	3. 所有主电源的断路器是否能正常复位	每周检查一次
	4. 主水管阀门是否可以自由开关	每周检查一次
	5. 洁具设备有无破损现象，阀门、感应器是否可以正常使用	每日检查
装饰面工程	1. 大理石地面、墙面是否有破损	每日检查
	2. 地面瓷砖是否有破损、塌陷现象	每日检查
	3. 地毯是否平整、无褶皱、起拱现象	每日检查
	4. 木质油漆面是否完整，不得有大面积掉漆	每日检查
	5. 墙纸保证表面清洁，不得有大面积脱落、发霉	每日检查
	6. 墙顶平整无塌陷、脱落、开裂及渗水现象	每日检查

表 6–2（续表）

动动手：尝试罗列您的企业源全 5S“内修”工作有哪些？

3 外修

外修，就是请“外面”的人来共同监督餐厅，让大家时刻保持着高标准。我们相信，每个员工都是善良的，愿意维护品牌形象，一定会在外人来的时候，做到更好（图 6–9、图 6–10）。

图 6–9

图 6–10

通常外修有以下几点。

（1）政府部门检查：餐饮行业是社会的重要构成之一，走到哪里都能看到餐饮；另外近些年也发生了系列的食品安全事故，政府部门也加强了餐饮行业的监管力度。其实餐厅一定要遵守国家食药监、消防、税务等部门的要求与规范，主动接受政府部门的检查与监督。有了这样的一种意识和心态，员工一定会保持着更高的标准。

（2）第三方认证：餐饮企业基于长远的发展，需要很多的第三方公司认证。比如说关于食品生产的 HACCP 体系认证、ISO22000 体系认证等，这样的第三方认证机构很多。我们源全学会也是为餐饮门店提供源全管理系统体系认证，评估企业的源全管理系统落地水平。这样的认证过程，门店一定会为此付出努力，维持着管理的高标准。

（3）同行：在我们源全学会的会员中，有很多认证达到 85 分的“源全 5S 示范样板店”，这些门店都打开了餐厅大门，接受餐饮同行的学习参观。很有意思的是，同行来得越多，门店内部员工越开心，规范的标准维持得越好，这是因为员工还是有着较强的责任心。

（4）顾客：客人是餐厅的上帝，打开餐厅的厨房大门，定期邀请客人到厨房参观，给客人用餐的理由和信心，这个对企业的经营和品牌是有帮助的。定期的客人参访，也一定会给员工提供做好餐厅细节的动力。

4 看得见的品牌

源全管理系统做的是看得见的管理，追求的是环境会说话。餐厅里有着内部和外部不同的顾客，最终源全管理系统落地是要沉淀出完善的体系，让外部客人更加了解餐厅的文化与产品，做到餐饮品牌的资源增值；餐厅内部顾客，也就是员工，也需要有明确的工作操作标准，从而保证企业的安全健康。

看得见的品牌体系如下。

（1）一个系统

这是企业构建源全管理系统体系的系统图，一个完善的源全管理系统体系有着标准学习、落地实践、总结复盘、参观交流4个部分（图6–11）。

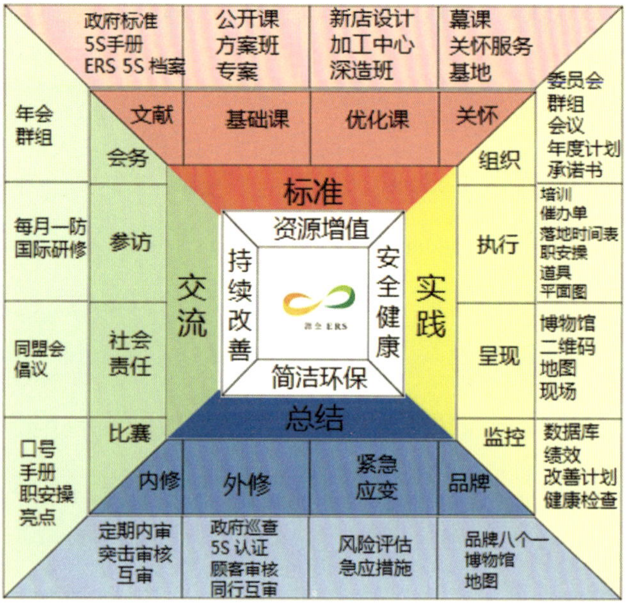

图 6–11

（2）二维码

餐厅里有很多的标准操作流程，这些书面的标准不能全部进行张贴，二维码就是一个有效的工具（图 6–12）。

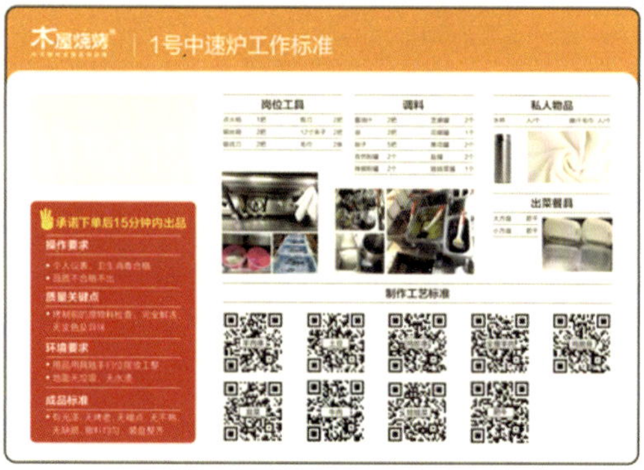

图 6–12

（3）三个 R

环保回收的 3 个 R，帮助企业做好物品的断舍离管理。

① 拒绝使用 Refuse

② 物尽其用 Reduce

③ 废物利用 Reuse

（4）四个斜

指的是餐厅的硬件设计装修系统中，要做到下水道倾斜、地面转角砖倾斜、接水层架倾斜、油烟设备倾斜，做到厨房地面的干净与排烟效果良好。

（5）五类宣传

①店中

②商圈广告

③线上宣传

④户外媒体

⑤借力：借名人、地方之力

（6）6 套手册

源全体系的操作标准，可以分为《源全手册》《安危手册》《亮点手册》、《接待流程手册》《新店开店手册》和《财务管理手册》，为餐厅提供标准操作的依据。

（7）七大流程

企业做流程减负的着手点，能够降低企业的内部损耗。

运输：外卖、传菜、送货等

储存：三天来货不进仓、鲜进先出

加工：不需要二次加工、根本不需要加工

动作：来回不打空手、单程行动、厨师三步不离岗

预制：过多或重复

不良品：制作失败

等待：点菜、传菜、收银、收货、炒菜、买单

（8）品牌八个一

给品牌贴上标签，设计出品牌的一个招牌产品、一道特色饮品、一个让人容易记住的 logo、一个有特色的颜色设别系统、一个独特的装盘餐具、一种让消费者难忘的味道、一个感人的故事和一个标准的平面图，加强消费者的理解和记忆（图 6–13）。

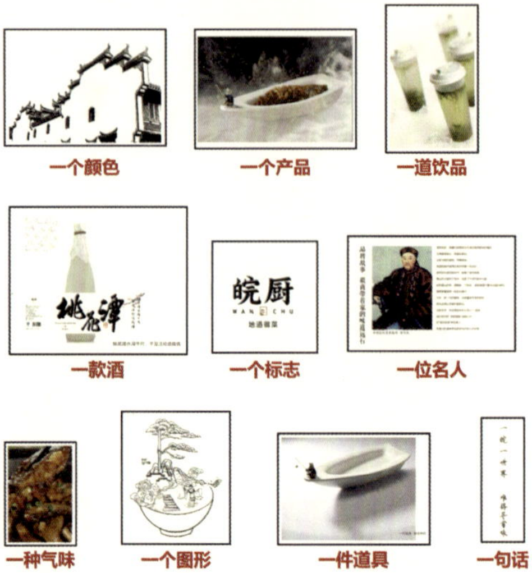

图 6-13

（9）九张图 – 平面图是餐厅做源全管理系统管理的起点，也是最基本的管理工具，用于不同的用途。平面面通常分为基本 / 安全 / 消防 / 天花 / 地下 / 收纳 / 人效 / 生产 / 分区九大类。

5. 修养：会说话的口号

没有最好，只有更好

若不成功，人间蒸发

修养：内外齐修，养成习惯

把行为变成文化，用文化保障行为